翔安古厝

厦门市翔安区文化和旅游局　编

潘志坚　著

厦门大学出版社
XIAMEN UNIVERSITY PRESS
国家一级出版社
全国百佳图书出版单位

图书在版编目（CIP）数据

翔安古厝 / 潘志坚著. -- 厦门 ：厦门大学出版社，2022.9

（香山文化丛书. 第二辑）

ISBN 978-7-5615-5569-9

Ⅰ. ①翔… Ⅱ. ①潘… Ⅲ. ①民居-古建筑-介绍-厦门 Ⅳ. ①K928.71

中国版本图书馆CIP数据核字(2022)第213261号

出版人 郑文礼
责任编辑 王鹭鹏
美术编辑 张雨秋
技术编辑 朱 楷

出版发行 厦门大学出版社
社 址 厦门市软件园二期望海路39号
邮政编码 361008
总 机 0592-2181111 0592-2181406(传真)
营销中心 0592-2184458 0592-2181365
网 址 http://www.xmupress.com
邮 箱 xmup@xmupress.com
印 刷 厦门市竞成印刷有限公司

开本 720 mm×1 000 mm 1/16
印张 18
字数 220 千字
版次 2022 年 9 月第 1 版
印次 2022 年 9 月第 1 次印刷
定价 80.00 元

本书如有印装质量问题请直接寄承印厂调换

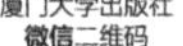
厦门大学出版社
微信二维码

厦门大学出版社
微博二维码

翔安古厝

总序

翔安区地处福建省东南沿海，扼闽南金三角要冲，历史文化悠久，与海峡对岸有“五缘”之亲。

翔安虽是新区，却历史悠久，因“紫阳过化”而得“海滨邹鲁之乡，声名文物之邦”美誉，具有深厚的文化底蕴。翔安丰厚的历史文化资源是厦门文化发展的沃土，翔安的民间文学成为重要的文化遗产，是发展文化创意产业的重要资源。

翔安区委区政府十分重视文化创意产业，近几年来，为了推动文化遗产的保护与利用，彰显翔安的人文，文化部门以“以文促旅，以旅彰文”为发展目标，投入相当的人力物力，对境内的民俗文化、民间艺术、文物古迹进行发掘与整理，期望藉由丰富的文化遗产促动翔安与外界的交流发展，促进翔安历史文化的繁荣昌盛。

在翔安区委区政府的重视与支持下，区文化部门编辑出版了“香山文化丛书”第一辑五册，获得良好的社会反响，受此鼓励，又采录编撰“香山文化丛书”第二辑，包含《翔安非遗》《翔安古厝》《翔安掌故二》《翔安地名》《翔安古志——马巷厅志》《翔安名人——林希元研究》等六册。

其中，《翔安非遗》集民间艺术、工艺、制作、工具、童玩、美食等非遗文化为一体，记录当地的非物质文化遗产，这些遗产既有闽南非物质文化遗产的共同特征，又有翔安独特的历史遗传，内容精萃，涉猎甚广，瑰丽传承，能留住乡愁。

《翔安古厝》则用十一个章节详述翔安古民居、宗庙、寺院等古建筑营造规模的形制与布局、技艺与特征，全书近二十万字，图片六百余幅，图文并茂。

《翔安掌故二》在《翔安掌故》一书的基础上，用《戏曲人生》《古风遗训》《豆棚闲间》《溯本追源》四个章节整理续录一百余则掌故、趣闻，风格独特，语含机锋，亦庄亦谐，散发泥土芳香。

《翔安地名》全书共分八章，虽然重心放在阐释地名由来，但有独特的编辑角度，着力探究其内涵，挖掘、传承、吸纳和弘扬传统文化，以丰厚文化内涵融史料性、知识性和故事性于一炉，增强趣味性与可读性，读者可从中明了翔安古代的历史、地理。

《翔安古志——马巷厅志》第一部分于乾隆四十一年由万友正编纂，清光绪十九年黄家鼎接着编纂第二部分。观览厅志，可知地理之变迁，经济之盛衰，政治之得失，文化之发展，鉴古察今，继往开来，惠及后昆。但由于修志的时间久远，现代人阅读已有较大障碍，方便大众阅读，丛书编辑委员会请专人本着求真务实的精神，以科学态度加以校注。

《翔安名人——林希元研究》文集，是对我区新店街道垵山社区山头村林希元这一明代理学名宦和廉直诤臣，福建历史文化名人的学术思想，对其执政为民，刚正不阿人生轨范的研究成果的结晶。此书的出版对于深化林希元的学术研究，推进厦门地方文化建设，廉政建设，弘扬传统文化，促进两岸和海内外文化交流有积极意义。

“香山文化丛书”第二辑付梓，值得庆贺。这是文化强区之举，整理出的珍贵文化遗产可供后人学习与借鉴。

我们期待传统文化的传承更加有序，期盼民间艺术在翔安这块沃土上得到更良好的发展，祝愿“香山文化丛书”越出越好，思想性与艺术性结合得更加完美。

是为序！

中共厦门市翔安区委常委、宣传部部长

二〇二二年六月

翔安这片古老而充满朝气的神奇大地上，矗立着一栋栋极富闽南建筑特色的古大厝。这些闽南红砖建筑，因形式多样、工艺精湛而倍受推崇，它们向人们展示着翔安人任劳任怨的创业精神，成为海外游子对桑梓的牵挂。古厝不可再生，在高楼林立的时代尤显珍贵，其建筑技艺更是不可多得的非物质文化遗产，所以闽南红砖建筑被列入“中国世界文化遗产预备名单”。

翔安古厝的营建有两个高峰，一是清康乾时期，国运昌隆，国富民强，百姓安居乐业，此时营建了一大批制作精良、完整继承传统风格的红砖建筑。遗憾的是，由于年久失修，这一时期至今完好保留的古厝寥若晨星。另一高峰期是清末民初，这一时期内忧外患，民不聊生，不少翔安人背井离乡，下南洋谋生计，在获得第一桶金后，就迫不及待地衣锦还乡“垒窝”。海外巨额资金的回流，为营建古大厝提供了充足的财力，南洋经典的建筑元素就此耐人寻味地融入闽南传统建筑中，成为建筑史上中外合璧的典范。

漫步翔安乡间小巷，最让人赏心悦目的不是鳞次栉比的高楼大厦，而是那些执着地固守在故土原乡上的红砖古厝。这些古厝寄托了生于斯长于斯的普通老百姓对小康生活的追求和对艺术的憧憬，更是成千上万海外游子梦牵魂绕、日月思念的所在。它是开启童年记忆大门的钥匙，它凝聚几百年的亲情，是反映翔安发展弥足珍贵的古卷。古厝是有形的文化遗产，是传统建筑营造的传承，是中华民族璀璨文明的见证。古厝的建筑技艺是无形的非物质文化遗产，是劳动人民世代相传的文化精髓，是内含的深厚文化底蕴。远眺古厝，红砖、赤瓦、白基、燕尾脊，气势恢宏；近观细部，木雕、石雕、砖雕、水车堵，细致入微。它们象征展现翔安人坚韧、开朗、豁达的性格。时代传承的宗族观念、传统文化的有机融入、严格规范的建筑形制、精美绝伦的建筑技艺、约定俗成的风俗人情，形成完整、系统的建筑体系，成为中国建筑史上的奇葩。

古厝的建造与其他非遗项目一样，图纸全在匠师脑中，在施工过程中口传心授，得以代代相传。正如马巷亭洋社区古厝砖雕楹联上镌刻的古训所云，“创业凭先泽，守成赖后人”，先辈们留下的宝贵财富，若在我辈手中失传，将是一大憾事。所幸的是，翔安区文化工作者历经六年多的田野调查、走访艺人，终将红砖古厝营造技艺汇集成册。

《翔安古厝》一书，是对《翔安文物》的补充与升华，它从闽南建筑技艺营造的角度入手，详述民居、宗庙、寺院等建筑的形制与布局、技艺与特征、材料与应用、民俗与禁忌，以翔实的文字、丰富的图片展示闽南古厝这一非物质文化遗产。

编委会索序于我，有幸先睹为快，一沓书稿，让我领略了翔安文化的博大精深及传承有序。是为序。

翔安区人民政府副区长 颜荔红

二〇二二年六月

翔安

前言

翔安是古同安的一部分。二○○三年十月，翔安设立新区。新区处在闽南金三角丘陵地带，人口稠密，东北和南安交界，南面与金门岛隔海相望，西面与同安接壤，除现在的金门岛属以外，相当于清乾隆时期马巷厅的管辖范围。翔安古建筑既继承中原的汉式传统民居，又因沿海自然地理和风土而变，是汉式古建筑精华。红砖飞檐是闽南建筑文化的精髓，这些古厝中，以大嶝街道的田墘社区、新店街道的吕塘社区、内厝镇的曾厝村、马巷街道的亭洋社区、新圩镇的乌山村最为典型。翔安一百余个村居，也保留明清以来各式各样的古厝样式。目力所及，这些古厝各具特色，历经上百年，甚至几百年的沧桑，依然挺立在翔安这片土地上，成为令人驻足惊叹、流连忘返、叹为观止的亮丽风景。

风景秀丽的翔安古村落

气势恢宏的古厝群

排列整齐的翔安古厝

古同安虽有金厦为锁钥，仍逃脱不了改朝换代导致的创伤和倭寇海盗的频繁侵扰，此地居民经受了一次次毁灭性创伤。古厝倒了建，建了倒，倒了再建。一次次动荡，一次次营造，建的不仅仅是翔安人赖以生存的片瓦天地，而更聚起翔安人不屈不挠的骨气。宋代以前有记载可资的古厝已寥寥无几。现存的古厝大多分列布局，每列三至七座不等，每座一至三进不等，左右或单边建有护厝。从简单的“一开间”到繁复的“五开间”，从“一落”到“二落”，再到“三落”，从“五架”至“十一架出步”，甚至“大六路双边护龙”，翔安辖区范围内，规模较大的古厝竟有数百上千座，一座有一座的艰辛，一座有一座的传奇。

村落命名，北方多为“庄”，南方多为“厝”。为抵御外敌，自古以来，人们以血缘关系为基础集聚而居，形成聚落，以姓氏为村落命名，如许厝、黄厝、张厝、赵厝，在以聚落为中心的居住格局中，族落的迁徙关系家族的存亡，除了盛世，许多家族只能随遇而安。受天时、地利、人和的影响，聚落所建之处，即使是原本狼藉的处所，只要族人同心同德，稍加收拾，也可成为福地洞天。翔安人延续同姓聚族而居的风俗，但到如今，保留原姓氏名的村落为数不多。地名是一代代传承下来的，翔安内

翔安红砖古厝聚落

近期建设的红砖建筑群

厝镇曾厝村是典型，现在的曾厝人不姓曾而姓陈。宋代，曾姓为翔安望族，翔安现有曾氏后人不多，却留下曾溪、曾林、曾山、曾厝等地名。

翔安近代传统住宅，基本布局根据开间大小命名，这种合院式建筑统称为“三间张”和“五间张”，也出现“七架”“九架”“大九架”“大厝架双边护”“三落”“十一架展步”“大六路”等不同名称。“几间张”是对古厝面阔开间的统称；“几架”“几落”是对古厝进深的称法；“大六路”“小六路”的意思是古厝主厝纵向墙路共有六条，“六路”也可称“五间张”，“张”是横向开间布局多少的意思。不管开间多少、架落多少，翔安古厝都具有中轴对称、严整封闭的特性，又有华丽活泼、夸张矫饰、色彩斑斓的特征。它不但荟萃闽南古民居建筑的营造艺术精华，还浓缩人文历史和建筑者的独具匠心，为当地民居建筑提供了设计模式和创新思路，是探求翔安属地传统建筑技艺的宝贵财富和重要基础。

“厝”是翔安人对家园的亲切称呼。翔安古厝多以坚固耐用的米白色花岗石为基座和下部墙体，以红砖为山墙、镜面墙等装饰墙体，以红瓦双坡面屋顶和纤巧的燕尾脊、厚实的马鞍脊为景观，构成宏伟壮观的外部结构；以木、石的浮雕、透雕、镂雕和精美的砖雕、泥塑、灰雕等特色工艺装饰，交融点缀古厝的内外重点部位，整体靓丽，个性鲜明。形成“红砖、赤瓦、白基石”的典型红砖建筑聚落。

翔安新区的开发建设不断推进，老旧、破落古厝的维护却日益艰难。古厝的居住价值也不断降低，房派分化，年轻人因分居住进钢筋混凝土楼房，原本聚族而居的古厝，基本无人居住。大厝主人年迈衰老，疏于管理，

民居精美的燕尾脊

红砖建筑

寺庙华丽的屋顶装饰

完整的古厝所剩无几，保存状况不佳。在第三次全国文物普查中，翔安登记在册的古建筑有许多，计有宫、庙、寺三十一座，宗祠家庙六十五座，民居古大厝一百一十六座，这些只是其中比较典型的一小部分，是翔安古厝中的沧海一粟。

翔安古大厝是辖区历代劳动人民因地制宜，适应自然环境而创造出来的典型民居。随着旧城改造和新村建设的进一步实施，保护濒危文化遗产，关注翔安古大厝的存亡，尽量避免人为创伤显得尤为重要；古厝中为数不多的石雕、木雕、砖雕等文化艺术瑰宝成为不可多得的文化遗产，成为我们为子孙后代留下的乡愁凭寄。

岁月在墙上剥落，古厝无言，如同旧时风情画卷，展示曾经的沧桑与辉煌。本书将以特色典型建筑为载体，重点介绍翔安古厝的特征、规模、布局、寸白与营造技艺。

本书内容涉及大量翔安古厝营造技艺中的民间专用术语，多为闽南话直译，此类术语因不同地域或工匠称呼可能略有区别，为方便阅读，编著时尽量做到求同存异，并以注释的方式进行诠释。

本书的图片和示意图，均为作者拍摄、绘制或翔安区文化馆自采图片，故不一一注明作者或来源。

目录

第三章　寸　白

第四章　建筑材料

第五章　营造技艺

第六章　装饰技法

第七章　营建仪式

第八章　民间信仰

第一章
翔安古厝的建筑特色

翔安红砖古大厝建筑具有同姓聚族而居的血缘聚落特色，许多村落都以姓氏命名，如曾厝、黄厝、许厝、蔡厝、欧厝、洪厝、李厝、杨厝、张厝。民居建筑形态形成有多种原因，主要受先民播迁垦殖时期，初级农耕社会生产方式的影响，在同族聚居之中保持小家庭的相对独立。作为居住空间，民居的营造体现长尊有序、内外有别的伦理意识。典型的翔安古厝建筑沿袭传统四合院住宅布局与多种院落组合的方式，轴线对称，多层次进深，前后左右有机衔接，配置均齐。大厝屋顶铺设红瓦，人字形斜面皆成凹曲线，两端是俏丽别致的燕尾脊、马鞍脊、檐口滴水、瓦当；砖、木、石、灰等建筑小构件装饰花样繁多；用材以木、砖、石混合结构为主。部分民居以规带旁的瓦筒槽数彰显祖先官阶，体现形制特色，是不可再生的宝贵文化资源。

长期以来，民居风格也在不断变化，明朝海寇频扰，清时又逢改朝换代，民居营建兼顾防卫。清朝之后，为了防范风沙之害又进行改良，观念更新渐次影响民居建筑特色。

曾厝古厝群落

村落择址

历史上中原人举族南迁闽南，移民垦殖初期，开基祖初定地理位置，各衍派选好地段，顺天应时，开发营造，不受房派聚落形态的制约，可以自由选择宅地。以村落的风水朝向为准则，兴建时依坐向，看利年，配合主人生辰八字，决定动土的年月日和时辰段，确定大厝的寸白。

翔安古厝大多坐北朝南，坐东朝西，坐西朝东，个别坐南朝北，如内厝镇霞美村、新店镇吕塘的西林自然村公路南部分村落。沿海地区受东北、东南季风的影响，住宅坐南朝北，不利于阳居，因为冬天寒冷、夏天闷热，但有风水的特定要求，只好如此定向。

择居时，多选择小山岗，又以小山岗的南面为最佳。山南属阳，最适合阳居的营造，有北面延绵而至的龙脉，有村前流淌的小溪。翔安北面群山环簇，南面濒临大海，每当盛夏金秋，落日余晖，古榕映影，随处都符合阳居的条件，但有一弊端——虽有九溪，然溪流短小，溪床泥沙淤积，泉水枯竭，山水无处蕴聚，山水、风水，不可缺的是水。

曾厝村古民居

坐落于大帽山上的村落

民居样式

一般传统民居样式有一开间、二开间和三开间，基本形式有一落二榉头[①]、二落、三落大厝。因家庭需要，经济实力，人口多寡的变化，建筑形

一开间两层民居

一开间民居

二开间两层民居

① 一落二榉头（jǐd lò lňg giǎ táo）:闽南语“一进”称“一落”。榉头，又称东厅。

三落五开间古厝（林君陛故居）

带偏大门的一落古厝

一落三开间古厝

一落三开间两层古厝

一落三开间两层小楼民居

二落三开间古厝

一落三开间两榉头古厝

两落大厝双边护

两落大九架古厝

翔安古厝的倒照墙

式越来越繁复，衍生出更多的建筑形制，如增建形式有二落大厝、六路厝、单边或双边护龙、双边护大六路厝①；增建“回向”，俗称“倒照”；扩建二落大厝的“后界”为三落大厝。中外合璧的各式宅屋，坐向与空间安排迥异于上述各形式。除此之外，古厝建筑装潢极尽雕饰，荟萃匠师们高超的工艺技巧，体现人们祈福镇邪和显耀财富、追求奢华、显现气派的群体心理。

① 六路厝（lǎr lô cǔ）：即五开间，纵向六条墙路。护龙（hô líng）：即护厝。倒照（dò jiǒ）：大门与主厝大门相向的开间厝。后界（ǎo gǎi）：附建于二落大厝后落的后面。

民居结构

翔安传统民居，大多数为单幢合院式，也有由多幢组成的建筑群组，其形式是以主厝为中心，前后左右由数幢宅屋围成开阔的合院式建筑。有血缘关系的族人在经济相当宽裕的条件下会营建建筑群组，对内形成向心力，对外可共同防御。民居群组中的隘门埕的前端或两侧设有由石条框构件竖筑的防御性隘门，层层环卫，步步为营，这种群组一般规模不大，或三四幢，或五六幢，但整体建筑面积也有成百上千平方米。

马巷亭洋古民居群

典型的红砖建筑村落

规模庞大的林芳德宅

翔安古厝群

新圩镇乌山村闻名的古民居群组“九十九间”，建筑规模庞大，大厝南北两边各加盖两列护龙，形成中央一个大四合院，四周四个小三合院形式，护龙东北角再增建卷棚顶，独具特色。

新圩乌山九十九间大厝（林世泽摄）

民居扩建

随着家族壮大，后裔增加，分家立户后，居住、休闲空间必然不足，在用地局限的情况下，有的就在原有建筑物的格局上另作突破性的扩建，即由数个单体建筑及外部空间组合衍化而成的合院建筑。扩建的办法就是在榉头、护龙的位置向上增建或改建为两层小楼，如“梳妆楼”“小姑楼”，或大厝身前房之上的“风楼”。

带风楼的燕尾脊古厝

吕塘古民居成排的风楼

民居附属建筑

传统四合院民宅的入口空间，从门口埕进入宅屋外大门，进入前落厅堂，通过深井[①]，然后走进后落大厅堂。三合院则要经过入口门楼，即“墙街楼”，进入深井、后落大厅。围成三合院与榉头成一直线的墙体称为“墙街”，墙街或墙街楼的顶端以砖瓦做成斜坡式的收头，墙街楼的形式有许多不同的做法，常见的有以红砖组砌式的平顶式墙头，有以红砖瓦做成出运料[②]的斜坡收头式墙头。门有的开在屋宇的中轴线上，有的则开在侧边的某一个角落。偏门开在侧边，多是受占地面积影响，但也有犯忌的因素，其作用是回避冲煞。如曾厝村陈期盘、陈期杆阖家宅第的墙街楼，就是这一传统民居建筑的典型式样。

陈期盘、陈期杆宅的偏大门和墙街

① 深井(qīm jnì):天井，古厝内部露天的场所。

② 运料(wún liao):专用术语，为闽南语直译，为屋脊、屋檐或其他由砖、甓、瓦等红料多层垒砌的意思。

翔安古厝的附属建筑墙街楼

宅院的用途

宅院是主厝的延展空间，场所的使用价值甚广，有室内和室外两种。古厝的室内深井与室外门口埕是屋宇内外畅通的中介空间与枢纽地带，是炎夏休闲与乘凉的开放场地，是暴晒农产与渔获的空间场所，又是举行民俗活动与礼敬神明的地方。

三合院的深井是由大厝身、榉头和墙街楼围成的中庭露天空间；四合院的深井，则由大厝身、榉头和前落厅围成。三落厝、六路厝自榉头中线分为上深井和下深井。深井是财富汇聚的吉祥之处，是“四水归堂”之处，下雨时，前后左右四面屋顶的雨水汇归于深井，财气遇水则聚。前门户碇包矜[①]，使财气盈漫于厅堂。故有些大厝还在深井靠榉头的地方留下两个坑洞，以储蓄从捧檐出料流下的雨水，甚至有的人家将榉头的屋顶坡面做成砖坪，一边倾向深井导水，都是为了收聚财气。深井的铺面多用六寸甓砖，

① 户碇（hô dnāi）:门框石制的下门斗。

从脚踏砎[①]的两端以龙须分为左中右三堵，中轴部分的中堵用人字铺、风车转铺或米筛花铺，边堵则采用丁字铺，或整面深井以尺宽条石铺成。这自然围起一角天光，营造出安宁静谧而意味深长的私密生活空间。深井靠榉头的两侧设有摆放盆栽的石板凳，称"花椅"，莳花种草可调剂居家生活品位，花椅充分利用深井空间提供修身养性的场所，花椅下还可以储放大小缸瓮。夏夜里一家人或坐着小板凳，或坐在砎墘[②]，拿着月扇，在清辉中品赏阵阵暗香，或七夕或中秋，摆上案桌，拈一缕心香，或乞巧，或遥祭天孙与嫦娥。清风拥抱，朗月、繁星窥视着家人，和谐与宁静的心灵生活，荡起一环环的涟漪。

很多民宅的前落厝外，有三面与厝身面阔等宽的墙街，墙街内的门口埕是小花园，有时充当农产品加工场所，每逢五谷丰登季节，屋主在这里曝晒谷子、花生。门口埕属宅屋的外界空间[③]，也是与左邻右舍或聚落人际间联络关系的自然场所。门口埕常开有水井，设有洗衣槽，或置有舂臼、

两落大厝宅院的偏大门

① 脚踏砎（kā dà ggím）：长方形条石台阶，在后落与深井之间。

② 砎墘（ggím gní）：后落与深井之间的巨型长条石边沿。

③ 门口埕（mn̆g kào dniá）：古厝大门口外露天的场所。

磨坊等重要的公用物品。门口埕还是邻里茶余饭后交流感情的聚集地，在传统的聚落里，其重要性不亚于大厝内的任何空间。

总而言之，古厝民居充分利用深井空间采光蓄水，利用檐下行走活动，避免南国的烈日曝晒，创造舒适的居住环境，非常适合闽南沿海地区天气炎热、用水量大的自然环境。

古厝庭院围墙陈设结合现代艺术

古厝室外庭院

庭院内的古井和洗衣槽

室外庭院的利用

深井

有翔安特色的室内休闲空间

三落大厝的前落深井

三落大厝的后落深井

带有水井和花椅的护龙深井

门口埕

翔安
第二章
古厝的营造布局

在营造布局上，翔安古厝以前后两落大厝组成的四合院为中心，中央深井，两侧榉头。大厝中为厅堂，两侧厢房，大厝后落较前落略高且深。规模较大的古厝则在大厝两侧加盖一列或两列稍矮的护龙厝。这样一来，大厝内部的通道纵横交错，为了联系便捷，以檐下的廊道为纽带，形成居中的大合院和周围的小合院一体的结构。

翔安古厝的形制

翔安古厝形制多样，异彩纷呈，古民居建筑原有的格式是五架、七架、九架、十一架，后来发展出大中小各种架式，又出现四房看厅、棋盘厝、竹篙厝等。从传统中的民居建筑举一反三，可以了解先民建筑营造技艺的文化内涵。

一、开间厝

开间始为单一的柴草间或牛马寮（棚），都为独户单扇门，留一窗，

一开间民居

二开间民居

三开间民居

不置后门，称“一开间”。一开间结构简单，建筑用料粗劣，国字框基址上，留下门位，底下几层卵石垒砌，上面土墼垒砌到顶，以毛竹为椽，竹片为桷，上面覆盖稻草编成的草席，此类屋红料用得极少。

由原一开间的柴草间或牲寮附加一个开间的民居建筑称“二开间”。

多开间不断连接的古厝

两层三开间南洋风格古厝

家族人口繁衍增多，二开间建筑出现供人居住，这种矮小简陋，不符合营造法式与寸白的早期居所，反映出营生的艰辛。

后期再行扩增至一厅两房的一字形平面宅屋，称“三开间”。而后增建为一条龙式的建筑群，成为“竹篙厝”。此模式建筑没有镜面墙，有朴素的美感，没有高昂的气势，只有卑微的谦和。“三开间”还有一种变化，即厅两侧房间加大深进，砌中隔墙分为前后两间，房门向厅或前房门向廊，称“四房看厅”。

锄山村有一座五开间两层楼建筑，为厦门革命遗址。新圩、内厝民间仍可看到许多三开间加二榉头，甚至加楼亭的古厝。

二、双落厝

主厝前后两落、左右榉头与深井组成的四合院，古称“双落厝”。

双落大厝后落中间的空间位置称为“大厅”，大厅是一宅之中心场所，红白大事都在这里举行[①]。大厅的两侧是寝房，双落厝的前落是一厅两房，居中一间称“前厅”，是进宅的过渡空间，其中墙多作“架梁”及木雕隔屏，

两落单边护龙古厝

① 红白大事（ǎng bèi duǎ sī）：红，指喜事；白，指丧事。

前厅的后檐墙多为木制的三关六扇“屏门”，中间宽大，可拆卸。主人平常出入用两侧的小门，节庆或宴客时才敞开中门，前落厅与深井连成宽广的空间。

双落厝的镜面墙中间设置“外大门”，直通户外的门口埕，为双落大厝的正门，其他门则称“边门”。前落的边门称“前巷头门”，后落的边门

双落燕尾脊古厝

二十世纪七八十年代建造的二落民居

称“后巷头门”。前落的两侧房称“前落房”，前落房通常开有两扇门，一扇在前厅的中墙之前端，一在靠榉头的中间设门以为前落房进入榉头廊的通道。总之，前落的格局比后落矮，且需能“见白”①。

根据建筑规模，翔安双落厝有“七架仔”二落、“九架仔”二落和“十一架”二落之分。后落九架、十一架的古厝，后落两边厢房可隔为四间房，称为左右前房和左右后房。在大厅面朝大门，灯梁下左右两个房间，左侧属长房，右侧属二房，进深略比后房大；寿堂后左右两个房间，左侧属三房，右侧属四房。后房的门开在寿堂后，由大厅的寿堂后出入，大房②的门开在面向巷头的中间。架构较小仅为两房，左侧属长房③，右侧属次房。大房一般有两个门，没有寿堂后的开在大厅的中墙前侧与巷头的中间，有寿堂后的则开在寿堂后与巷头的中间。

三、三落大厝

三落大厝是三进式住宅，以主大厝中落为基点，前面叫前落，后面叫后落，左右两侧为护龙厝。三落大厝由双落大厝扩建而成，在双落大厝身后加盖一落。第三落地平线高于第二落的大厝身，整栋建筑呈前低后高的趋势，但厝身挑高较矮。后落拟再扩建前，势必在二落的后壁墙左右侧建筑后尾门，使之与大厝身直接相连，左边的后尾门称“龙门”，右边的后尾门称“虎门”，合称“龙虎门”，也有的只在左边开一个后尾门。

三落大厝

三落大厝侧面

① 见白（gnì bèi）：指在土地公位向外看通过前落屋脊，能见到一线天空。
② 大房（duǎ báng）：长子居住的房间。
③ 长房（dniù báng）：一个家族的长子，称长房。长房一般住大房。

三落大厝大门

三落大厝前厅

三落大厝后落大厅

三落大厝中落大厅

三落大厝，第一落称“前落”，第二落称“中落”（大厝落），第三落称“后落”（后界落）。神主佛龛的供奉案桌置于二落大厅的寿堂前，故中落是整座阳宅的中心。后落的空间组合为一幢三开间二榉头，后落的巷头所置小门称“三落巷头门”。一般第三落大厝的后落之榉头的檐口都出挑，以防雨天家人出入被淋湿。

三落大厝巷廊

三落大厝后落榉头

四、庭院式大厝

清朝、民国时期遗留下来的旧式大厝一般由一厅两房、前走廊和“单伸脚”或“双伸脚”组成一个单元。“伸脚”也称“榉头”，翔安人俗称“东厅”。以此为基础，发展出多种组合形式。在基本单元之后再加上一单元，但前单元要去掉“伸脚”，改为门厅，称两进，或称“两落”大厝，加上两单元便称三落大厝。依次类推，有的多达“五落”。翔安区马巷街道五美社区三

鸟瞰各种庭院式厝

一落两榉头古厝

恒巷内就有三落、四落的大厝。在基本单元的两侧房间各加一房成为五个开间，即组成四房一厅，有六道山墙的“大六路”，在大六路的四周环建一字形小平屋，位于主厝之前者称“倒照”；位于主厝之后者称“后界”；位于主厝两侧者称“护厝”。单侧建护厝的称“单边护”，两侧都建护厝的称“双边护”。护厝再加一排者称“二列护厝”，依此类推，多至三列护厝（今已稀见）。“护厝”亦称“护龙”，建其厝，取之名，有保护大厝龙脉，使业主居之安宁之意。护龙一般皆建于两落大厝的左边，称为“东护龙”，视基地空间的运用状况和风水龙脉，建于大厝身的右边的称“西护龙”。新圩镇乌山村有一座庭院深深、高墙兀立的“大六路”厝，在“东护龙”之东边再加盖“东护龙”的“三行护龙厝”，“三行护龙厝”又向前落的门口埕突出地扩建连接厝身和护龙的开间，称“过水”平屋。

护龙门

深井仔

护龙与落规不一样。落规是三开间左右各增建一开间，依附大厝身，比屋构筑，共用墙体，坐向相同，其屋顶的构建方式与大厝身一样，只是内侧略低一些，作为大厝身的左右延伸，是六路大厝的基本单元，落规没有类似榉头的过水。护龙的主体建筑是与大厝身作垂直方向布局的数个开间加二榉头的附属建构物，其屋脊走向与大厝身垂直，护龙的榉头连接大厝身，此榉头也称“过水仔”。护龙靠三个过水连接大厝身，围成前后两个小深井。连接前落的榉头，面向深井的一边通常都不砌墙，建成有顶盖的廊道，供人出入，还可作为休闲与活动的空间，可使正屋免受邻居活动的影响，又多了一些辅助用房，或作厨房、杂物工具放置场所，或作客舍，或作书斋别筑，可设一门以通门口埕。连接后落的榉头，两边皆砌有墙壁，且前后皆开设不对望的门道，此后落的过水间一般作为“灶脚”（厨房），但也有的用作供奉神祇的神佛厅堂，此时后檐壁不开设门道，仅在厅堂的中间设门，榉头不称“过水仔”而称“八卦厅”。深井的中间与厝身的巷道相连接的地方也有盖建顶盖廊道的，此廊道也称“过水仔”。

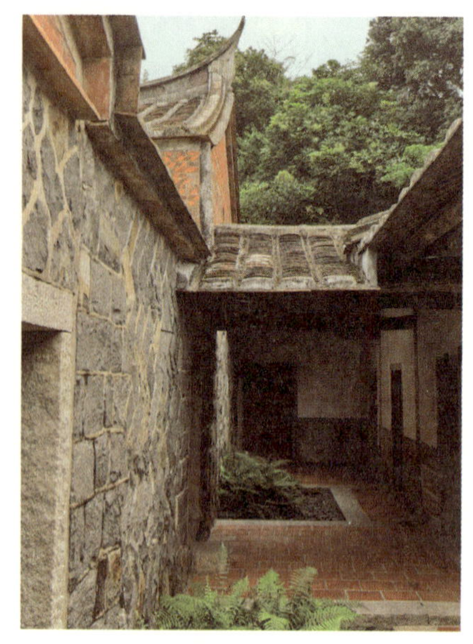

护龙厝“过水仔”

过水与护龙之间的深井，翔安工匠将其称为“深井仔”，深井仔面向厝身。护龙的空间分隔视大厝的形制而有所不同，或一厅两房，或一厅三房，或一厅四房，或两厅两房，或厅房相间，各种格式皆有。护龙的厅堂称“护龙厅”，厅房之间的纵向檐廊称“砛墘”。厝身的砛墘石是一整块大石板，称为“石砛”，护龙的砛墘石不一定要用整块厚实的大石块，且其深度不及厝身的砛墘。

由此可见，古代房屋建筑已能充分运用单元组合，与现代宅楼的单元套房有异曲同工之妙。

古厝空间的用途

翔安人以“四房四东厅”“四房二东厅”称呼当地典型的古厝建筑形式，其基本布局为三合院，后落称“大厝身”，以一厅四房合称为“四房看厅”。后落厅堂则称后厅或大厅，两侧前房、后房各两间，大厅靠后所作板壁后的过道称“后寿堂”。后落前檐下的走道称“巷廊”，此巷通户外的两侧小门称“巷头门”，大房由巷廊进出，后房由后寿堂进出。前落布局常为“一落四榉头”与“一落二榉头”，分别将一落四榉头之墙街楼改为门屋，形成两落大厝，由前后两落及榉头组成，面阔中间为“前落厅”，两侧房间称“前落房”，深井两侧榉头间称“后东厅”。古厝各空间在日常生活中承担不同的功能，与生产、生活息息相关。

大厅

一、大厅

大厅位于大厝身（后落）的正中央开间，是整栋建筑最重要的空间，两落古厝特指后落厅堂。大厅两侧厢房，堂后隔板后面是后寿堂。大厅是供奉神明与祖先灵位的神圣处所，厅后摆设中案桌、八仙桌，级别更高的在寿堂隔板上供祖龛，往后寿堂凸进八十厘米左右，使用各种木雕漆金技法。大厅也供作家人生活起居、聚餐、待客、从事家礼等活动场所。

寿堂隔板及祖龛案桌等

二、寿堂

寿堂为大厅后方用砖砌成的或用杉木制成的屏墙，前置供案桌，桌上置有神龛和祖位，供奉神明与祖先，供案桌前摆放一张八仙桌，供放祭品。

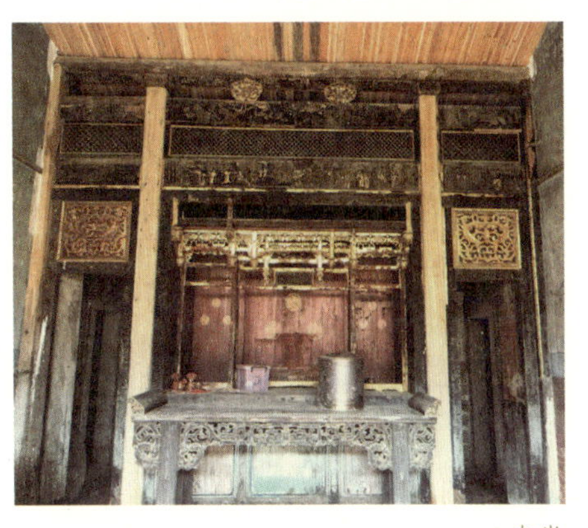

寿堂

三、后房

后房

“光厅暗房”为翔安古厝的开间布局特点①。大厝身的两边厢房，左右各两间者，后间为后房，亦称“小房”。后房房门靠后壁墙，面向后寿堂。后壁墙中间砌一个石框窗，一般大厝边堵墙不留窗户，以防衣料物品被盗。

四、前房

前房是古厝的基本组成部分，是大厝身的两边厢房，左右各两间者前间为前房，亦称“正房”或“大房”。前房房门正中，向着巷廊。在房门与虎口柱之间②，砌一砖窗，以利采光。

前房

十一架大厝后落前房

五、楼顶

大厝身两边房间的夹层称“楼顶”，如果整个楼顶夹层铺满木板称“透楼”，在房内用移动的楼梯作为通向楼顶的工具。农家主人利用楼顶板堆放装农产品的大缸或柜子。

六、巷头

大厅向护龙过渡或直接由大厅通往外界的空间，即砛墘向古厝两侧延

---

① 光厅暗房（gng tniā àm báng）:后落大厅有深井采光，宽敞明亮；前后房因房门小，窗户小，光线严重不足。

② 虎口柱（hô káo tiāo）:厅口柱。

巷头门　　巷廊

巷头

巷头壁龛

伸至前房与榉头之间的檐下空间俗称“巷头”。巷头间与矽墘的通道合称“巷路”“矽路”或“巷廊”。榉头后东厅朝巷头廊墙裙堵上各设一个壁柜，称“壁龛”，左右巷头设置小门，称“巷头门”，有多功能用途，可摆餐桌聚餐，家人或邻里于此休闲聊天，夏季于此乘凉。

七、半楼仔

巷头上部的夹层称“半楼仔”，半楼仔夹在砖坪与楼顶之间，高差与楼顶平衡，比砖坪低①。用固定的杉木制成的楼梯架在半楼仔与大厝左右前房的转角边，作为相通的工具。

① 砖坪（zng bní）:榉头上用椽、杉板、尺二砖铺成的平坦屋面，可用来曝晒五谷。

开放式的半楼

以木构件做成半封闭式的半楼

八、子孙巷

位于大厅石砛与榉头交接处的细小空间，称“子孙巷”，深度略低于砛石。就建筑布局而言，大厝身及砛墘的排水需通过子孙巷流入深井，有四水归堂，为世代子孙聚财之意。

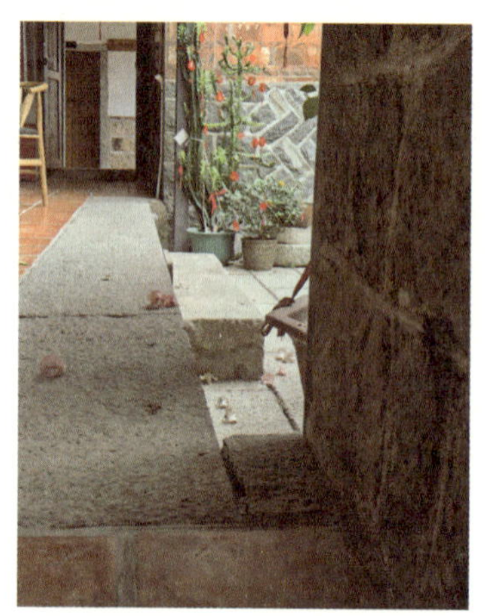
子孙巷

九、榉 头

连接巷头与大厝身成垂直的开间称“榉头”①。因人所需，榉头有三种用途，或为厢房，或为厨房，或为储藏间。

① 巷头（hǎng táo）：即称巷廊。后落前房与榉头之间的空间，有偏门（巷头门）通往屋外。

榉头

位于深井两侧的榉头

十、前 厅

前厅是一座宅屋第一进的中央开间，主要作为进门过渡空间，亲人分户居住后，亦作聚餐、待客之用。

前厅

十一、走马楼

古厝的透楼、半楼仔、砖坪和后寿堂楼皆设置小门，形成一气相通、四通八达的环楼通道，居户穿着木屐走在环楼木板走道上，犹如跑马时发出的声音，故将有类式跑道的环楼称为“走马楼”。走马楼从巷头顶的半楼仔门进入。走马楼上放置大缸，一般用来存放稻谷、花生等粮食，半楼仔门十分矮小，山墙上只有小石窗，采光严重不足，所以古厝后落屋顶前后坡的覆槽上会留四个玻璃小天窗。通达砖坪与透楼，要用活动的木梯或竹梯上下。

十二、过 水

过水是护龙与大厝之间的通道或过渡空间[①]。位于护龙之深井的前端称“过水仔”，用作餐厅、休闲场所；位于护龙之深井的后端称“过水仔间”，用作灶房；位于护龙之深井的中间连接大厝身巷路与后尾门的通道称“过水”，将其地板隔高，以利后深井的雨水顺利流向前深井而排出屋外。

过水

十三、护龙厅

护龙厅面向大厝身，是护龙厝的重要空间，亦供奉神明与祖先灵位，供家人生活起居、聚餐、待客等活动。

护龙厅和深井仔

护龙小深井

① 过水（gè zuì）:雨天通过“过水”在屋子里活动避免淋雨，故名。

十四、八卦厅

位于护龙深井的最后方。供奉神明与祖先灵位者称“八卦厅”，否则称护龙后房。

八卦厅

翔安
古厝
第三章
的寸白

古厝营造，进深、面阔、内高都有严格的尺寸。不管是各种开间的面阔进深，还是不同地坪的高低差别，古厝寸白各不相同，几乎都有学问，对其展开研究，所得可补“鲁班经”的不足。这些变化都是为适应生活中的使用要求和审美要求，经过日积月累，以生活礼仪和家具陈设所需为准。

传统民宅的寸白

营造可遮风避雨、安身立命，又可以丁财两旺、子孙科甲联登的美好家园，是一件很不容易的事。俗语说，“鞋分衫仔寸”[①]，古大厝的某些地方增加或减少几寸几分，不太影响整体的合理与美观，但翔安人总是讲究寸白，讨吉利，这是翔安人的精神寄托。

寸白是吉利尺寸的总称，具体指民宅屋体的进深（长度）、面阔（宽度）和内高（高度）都要合乎“鲁班尺”的吉利尺寸；门窗与家具的各部尺寸都要合乎“文公尺”的吉利尺寸，长案桌（供案桌）、佛龛、祖龛与八仙

九架两落大厝

① 鞋分衫仔寸（wê hūn sniā ā cǔn）：做鞋子讲究“分”的大小，做衣服讲究“寸”的大小。

按传统民宅寸白营造的后落大厅

桌的各部尺寸都要合乎“丁子诗”的吉利尺寸，深井的深度、阶梯与楼梯的尺寸都要合乎“踏”的吉利尺寸，门口埕的深度要合乎“经步”的吉利尺寸。合吉的称为合寸白，合寸白的宅屋居之大吉，不合吉的称为不符合寸白，不符合寸白的宅屋居之则可能遭遇坎坷之事，所以屋主都很注意寸白的配比。

鲁班尺法为“一寸一白，二寸二黑，三寸三碧，四寸四绿，五寸五黄，六寸六白，七寸七赤，八寸八白，九寸九紫，十寸一白”，凡尺寸合一、六、八之三白者为大吉，合四绿和九紫者为小吉，余则不吉，合尺寸之三白者为合寸白。①寸白的推算用宅屋坐山的八卦，再配合寸白的口诀而得，结果是三个吉利数字，就是这个宅屋坐山。口诀为“乾纳甲，坤纳乙，艮纳丙，巽纳辛，坎癸申子辰，离壬寅午戌，震庚亥卯未，兑丁巳酉丑”，意即坐山为甲字，依乾纳甲的口诀，则甲山为属乾卦，坐山为午字，依离壬寅午戌的口诀，午山属离卦。寸白的口诀又分天父卦与地母卦两种，尺白寸白又分为“天父尺白”“天父寸白”，“地母尺白”“地母寸白”两套系统。天父是垂直向的尺寸，如柱高、椽高的吉利尺寸；地母是水平向的尺寸，如

① 鲁班尺的一尺约为公制29.69厘米，一尺分十寸（字），一寸2.969厘米。

阔丁（面阔）与深丁（进深）的吉利尺寸。通常大宅第或庙宇才兼顾“尺白”与“寸白”；一般普通民宅则不考虑那么细。

推算“尺白”与“寸白”，首先要明确房屋的坐向，即“坐山”。山指二十四山，古代风水师将四面向分为二十四方位，然后分别以子、丑、寅、卯、辰、巳、午、未、申、酉、戌、亥十二地支和甲、乙、丙、丁、庚、辛、壬、癸八天干以及八卦中的乾、艮、坤、巽四卦来表示，每个方位十五度。房屋的“坐山”即房屋中轴线的方向，由业主请地理师择定作为坐向天父、地母寸白尾。子是北、午是南、卯是东、酉是西四个方向。

表 3-1　二十四山寸白尾

	壬丙	子午	癸丁	丑未	艮坤	寅申	甲庚	卯酉	乙辛	辰戌	巽乾	巳亥	丙壬	午子	丁癸	未丑	坤艮	申寅	庚甲	酉卯	辛乙	戌辰	乾巽	亥巳
地母	五七九	二四六	二四六	三五七	一三八	五七九	一六八	四六八	一三五	二四六	二四九	三五七	一三八	五七九	三五七	四六八	一三五	二四六	四六八	三五七	二四九	五七九	一六八	四六八
天父	一三八	五七九	五七九	二七九	一三五	一三八	三五七	二四九	四六八	五七九	二四六	二七九	一三五	一三八	二七九	二四九	四六八	五七九	二四九	二七九	二四六	一三八	三五七	二四九
分金	庚亥辛巳	庚子庚午	庚子庚午	辛丑辛未	辛丑辛未	庚寅庚申	庚寅庚申	辛卯辛酉	辛卯辛酉	庚辰庚戌	庚辰庚戌	辛巳辛亥	辛巳辛亥	庚午庚子	庚午庚子	辛未辛丑	辛未辛丑	庚申庚寅	庚申庚寅	辛酉辛丑	辛酉辛丑	庚戌庚辰	庚戌庚辰	辛亥辛巳

坐东朝西的亭洋古厝

二十四山分为二山合天父、地母和四山分为坎、离、震、兑，合天父、地母。二山合寸白尾共八个屋字，四山合寸白尾，每山合四个屋字共十六个屋字，总共二十四个屋字坐向作为寸白尾。

表 3-2　二山八个屋字

二山	乾甲	巽辛	艮丙	坤乙
地母	一六八	二四九	一三八	一三五
天父	三五七	二四六	一三五	四六八

表 3-3　四山十六个屋字

	坎		离		震		兑	
	癸申	子辰	壬寅	午戌	庚亥	卯未	丁巳	酉丑
地母	二四六		五七九		四六八		三五七	
天父	五七九		一三八		二四九		二七九	

例，乾巽、甲庚二山，天父地母寸白尾相同。坎，癸丁、申寅、子午、辰戌四山，天父地母寸白尾相同。

天父寸白起例：“论造宅高下取三白吉，其余凶，乾四震七赤，巽五坎二黑，兑为九紫宫，离八坤三碧，天父寸如兹，按艮合六白。”

地母寸白起例：“论造宅深阔取三白吉，其余凶，乾起一白，离起二黑，巽起七赤，震起三碧，兑起四绿，坤起六白，坎起五黄，艮起八白。”

寸白口诀取八卦（天父寸白增一乾字，地母寸白增一兑字）配合九宫按序轮回一周，例酉山的八卦属性，依兑丁巳酉丑的口诀知其属兑卦，则其天父寸白起始是兑为九紫宫，兑九紫就是起始的一寸，乾一白为二寸，坎二黑为三寸，坤三碧为四寸，乾四绿为五寸，巽五黄为六寸，艮六白为七寸，震七赤为八寸，离八白为九寸，则坐酉山的天父寸白为乾一白的二寸，艮六白的七寸和离八白的九寸，即二、七、九为酉山的天父寸白。

兑卦的地母寸白起始是兑四绿为一寸，坎五黄为二寸，坤六白为三寸，巽七赤为四寸，艮八白为五寸，兑九紫为六寸，乾一白为七寸，离二黑为八寸，震三碧为九寸，则坐酉山的地母寸白为乾六白的三寸，艮八白的五寸，乾一白的七寸，即三、五、七为酉山的地母寸白，余类推。

三煞天德二十四山杀方：

乙酉丑杀东方，寅卯辰；寅午戌杀北方，亥子丑；

亥卯未杀西方，申酉戌；申子辰杀南方，巳午未。

以坐东向西，坐山卯酉兼乙辛为例，排厝字用法：

坐卯牵罗庚红线，向卯靠二份或三份，兼乙是八份或七份；

向酉靠二份或三份，兼辛是八份或七份。

如坐山卯酉兼甲庚，同样卯二份或三份，兼甲是八份或七份；酉靠二份或三份，兼庚是八份或七份。厝字叫卯酉兼乙辛或兼甲庚[①]，地母、天父寸白尾相同。

如坐子午兼壬丙，罗庚红线靠子二份或三份，兼壬八份或七份；午靠二份或三份，丙八份或七份。子午兼癸丁同理。

文公尺又称为“鲁公周尺”，其八字依序为“财、病、离、义、官、劫（爽）、害、本”，八个字又叫“财头本尾”，八个字为一高，一高合鲁班尺一尺四寸四分。[②]尺寸合“财、义、官、本”者为吉，余则为凶，所谓“财者财帛荣昌，病者灾病难免，离者主人分张，义者主产孝子，官者主生贵子，劫者主祸妨麻，害者主被盗侵，本者主家兴崇”，又文公尺上之刻度记有“财者财宝，财至登科，进宝生旺；病者长病，灾至死绝，病临口舌；离者生离，死别退财，离乡失物；义者义顺，顺利横财，进宝富贵；官者官禄，添丁利益，贵子大吉；劫者劫盗，六害劫财，失物官非；害者六害，退财全事，卒执孤寡；本者德福，阴德天库，六合发福”，凡营宅制造家具合吉字且其尺寸之尾数合乎三白者为大吉，谓之“合寸白”，但是门之尺寸不宜落在“义、官”二字上，而应落在“财、本”二字上，才不会招惹是非与灾祸。

---

① 厝字（cù lǐ）:大厝坐向。

② 文公尺的一尺约为公制的42.76厘米，一尺分八寸（字），一寸5.345厘米，

九架用窗，高二尺八寸，即用二高二尺八寸八分，用“本”字；窗宽二尺三寸，即一高一尺四寸四分，加五个字九寸，合二尺三寸四分，用“官”字，用字不可用尽。九架用窗包外五支窗柱，称“五只四空”。“五只”指五支窗柱，“四空”是窗柱之间的间隙。

七架用窗，高二尺一寸或二尺三寸，宽一尺六寸。窗高二尺一寸，用“义”字，二尺三寸，用“官”字；窗宽一尺六寸，用“财”字。称“四只三空”①。

古大厝护厝，窗高一尺六寸，宽九寸。窗高一尺六寸，用“财”字，窗宽只用九寸，用“官”字。这种九寸尺六窗，称“三只二空”。

三只二空窗

四只三空窗

五只四空窗

七只六空石窗

① 四只三空（xì jì snā kāng）:只，指窗棂。空，指窗棂之间的缝隙。

丁子师又称“丁兰尺”或称“丁子诗”，其十字依序为“财、失、兴、死、官、义、苦、旺、害、丁”，十字为一高，共合鲁班尺一尺二寸八分。[①]尺寸合“财、兴、官、义、旺、丁”六字者为吉，余则为凶。文公尺为阳宅所用的度量单位，丁子师则用之于营造墓穴及宅屋中的供桌、八仙桌、佛龛和祖龛。木匠师傅做一般家具，皆不用丁子师，但八仙桌是阴属阳桌，横用丁子师的寸白，纵用文公尺的寸白，所以，祭拜祖先与佛祖的时候，八仙桌的桌面横纹要与长供桌平行，祭祀完毕八仙桌的桌面横纹要摆与长供桌成一垂直线。

踏为阶梯与楼梯的度量单位，踏有大小之分，大踏合鲁班尺的六寸，小踏合鲁班尺的四寸[②]。深井深度为一大踏，大砛前台阶到深井平面通常用半踏[③]，不可“满踏”，踏并无吉凶之忌讳，合于阳数（单数）即可。

经步为用于度量门口埕或外深井的单位[④]，其用法与踏一样，不能“满

大门入口砛踏

① 丁子师的一尺约为公制的38.01厘米，一尺分十寸（字），一寸3.801厘米，

② 一踏约为公制度量单位的17.82厘米，大踏合鲁班尺的六寸，约为公制度量单位的17.814厘米，小踏合鲁班尺的四寸，约为公制度量单位的11.876厘米。

③ 半踏约为8.907厘米。

④ 一经步约为公制度量单位的133.62厘米。

经步”，且只须经步合为阳数（单数）即可，并无吉凶之忌讳。依《匠师手册》记载，经步的歌诀为：“一步青龙招吉庆，二步朱雀动官方，三步玉堂生贵子，四步五鬼不须当，五步贪狼会匮方，六步横祸动瘟煌，七步人家并富贵，八步招客惹祸殃，九步金堂招福禄，十步灾祸远行亡，十一步田廛多且旺，十二步人死重丧。”另《鲁班寸白簿》载有步法口诀为：“一步建为元吉，二步除为名堂，三步满为天刑，四步平为卷舌，五步定为金柜，六步执为天德，七步破为冲煞，八步危为玉堂，九步成为三合，十步收为贼劫，十一步开为生气，十二步闭为灾祸。”据《阴阳风水讲义》以宅屋的面阔、进深须合经步的吉利原则，称为“建平十二字”，建平十二字中须合一步建，二步除，三步定，六步执，八步危，十一步开为吉。翔安人营造传统民宅时都信守这些法则。

古大厝形制，间为面阔，架为进深。对于大厅的进深，民间习惯于按椽的数目表明规格，一椽为一架，小规格的有五架、七架，大规格的有九架、九拖十、十一架、十一架出步等。

根据老师傅的介绍，规则都有灵活的地方，古民居的规模格式也是如此。大体来说，“寸白”可以伸缩，要看周围的环境（包括案堂、龙脉）及土地的面积、地形；要与择日师相配合，根据坐向分金而因地制宜。

深井砛踏

各类古厝寸白配比

匠师根据规格、空间、屋宇定好开间面阔、进深、内高的尺白、寸白。泥水师傅根据尺白、寸白进行营建。

一、五架古厝

两座大厝中间的一字厝

五架古厝俗称“三间张”或“一字形厝”，造型古朴，是最基本最原始的大厝形式。这种过渡性民居古厝也使用梁木结构，有五根椽木，所以称“五架”。双坡红瓦屋面，硬山顶，马鞍脊。

按屋宇寸白尾，厅面阔一丈二尺七八寸，房面阔八尺六七寸，壁路墙一尺三寸，四条壁路墙宽五尺二寸，总面阔三丈五尺二寸。前后墙宽二尺六寸，厅进深一丈三尺六七寸，前砛宽一尺八寸，后壁路墙至凹寿砛[1]进深一丈六尺一寸，一般五架古厝结构简单，厅堂前并无凹寿，只有檐廊。五

一字厝

① 后壁路墙（ǎo bià lô qniú）：大厝后面的横向墙体。凹寿（tàm xiǔ）：大厝镜面中间向内凹陷的空间。

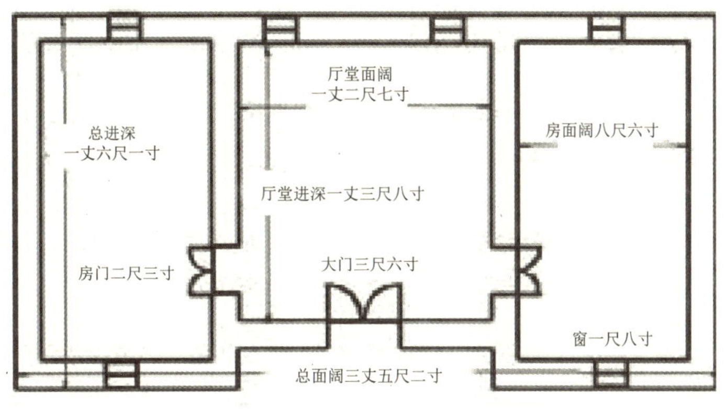

图 3-1　五架三开间寸白平面示意图一

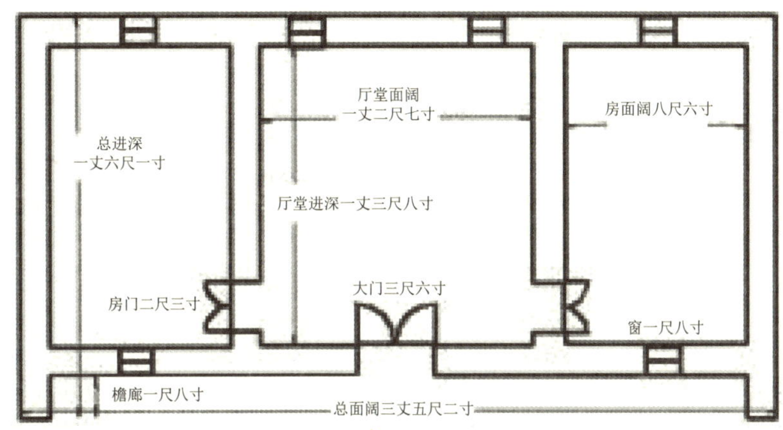

图 3-2　五架三开间寸白平面示意图二

五架古厝

架古厝低矮，开间少，大门宽三尺六寸，高六尺六寸。外墙窗底高四尺五分，窗宽一尺六寸，高二尺三寸，包外“四只三空”。五架古厝均以红砖瓦、杉木和花岗岩石为材料的土石木建筑。

二、七架古厝

七架古厝依天父（内高）地母（进深）寸白和二十四山坐向，具体如下。翔安古厝按屋宇配比法，每架距离三尺之内。七架屋宇有小、中、大之分，

七架两榉头古厝

小七架进深后壁墙包外[①]至砛二丈一尺内，中七架二丈三尺内，大七架二丈四尺至五尺内。古代有“七不过五高”的说法。中脊内高按厅堂进深定量，即天父压地母。如厅堂进深超过一丈五尺二三寸，也可用一丈五尺六七寸，中脊内高则用一丈五尺六七寸。中脊椽头尾直径不超过五寸，超过五寸称“中木”，定中脊位置，由后壁墙至砛进深扣后壁墙路对分，对分一丈，则后坪为一丈一尺三寸，即阴坡面比阳坡面大。前檐比后桷山高二至三寸，檐面按天父寸白尾配比，退运料三层，底层尺二砖，中层颜紫砖[②]，上层出尺二砖，高共四寸[③]。“加水三五”即屋面斜坡曲线，在三分至五分之间。后墙一尺三寸，桷山面扣下八寸，出三层底，前檐面退扣一层尺二砖，高度二寸五分。七架古厝硬山顶、马鞍脊。

（一）小七架

小七架主厝一厅两房两榉头，镜面榉头之间墙街，墙街中间大门，小七架不设巷头门。厅堂实内面阔一丈三尺二三寸；房实内面阔八尺五六寸。

---

① 包外（bāo vā）:墙体外面。

② 颜紫砖（ggǎn jì zng）: 又叫“清水砖”“烟炙砖”，为传统古厝主要的红料，因入窑烧制过程时，砖坯交错摆放柴火落灰在砖面上形成深褐色“火路”，与未落灰处的砖红色形成极具装饰性的纹路。

③ 后桷山（ǎo gàr sunā）: 后墙头与杉桷的结合部。运料（wěn liāo）: 墙头上用尺二砖、颜紫砖叠砌，向外凸出，避免屋檐上的雨水直接冲到墙基。

小七架三开间四条墙，每条墙宽一尺三寸，共五尺二寸。三开间面阔共三丈五尺至三丈六尺。

厅堂进深可配一丈四尺二三寸，砛路进深四尺之内。按坐向、地母寸白、屋字配寸白尾计算，加后壁墙、大门墙，后壁墙至砛进深共计二丈又一寸。

深井进深以厅进深八折计算，如厅进深一丈四尺二寸，深井进深为一丈一尺一二寸，包括子孙巷四寸在内，不可超过八折，八折内可有向砛[①]。前砛路可配二尺五寸，后砛路三尺三四寸，内外大门墙，后壁墙至前面总进深三丈四尺至三丈五尺。

中脊内高配天父寸白尾一丈四尺几寸，“几寸”即要合寸白尾。不可超过一丈五尺，加水三五，也叫作三五加水，即举高在三分至五分之间，一般不超过四分。

小七架大门宽三尺六寸，高可配六尺六寸或七尺二寸。

小七架屋上钉桷，厅可钉桷十八支，房钉十四或十六支桷，厅中布覆瓦槽[②]，厅共布九槽覆瓦，中墙上布覆瓦槽，房外规墙旁布笑瓦槽。小七架厝布覆瓦槽可以多至二十七槽。

（二）七 架

七架宜加三五退水[③]，厅实内面阔一丈四尺三寸；房实内[④]面阔八尺七寸，最多九尺，不可超过一丈。七架三开间包外面阔共三丈六尺左右。

厅进深一丈四尺几寸，砛路进深四尺内，加后壁墙路、大门墙，七架按坐向、屋字配寸白尾计算外，还要配合地母寸白，后壁墙至砛二丈三尺内。

深井进深以厅进深八折计算，深井进深一丈一尺几寸，包括子孙巷四寸在内。砛路三尺八寸。砛路指内大门墙外至石砛沿宽度。前砛可配二尺五寸，内外大门墙，后壁墙至前石总进深三丈四尺左右，至三丈五尺几寸。

中脊内高按厅堂深度定量，即天父压地母，配天父寸白尾，一丈四尺

① 向砛（ǹg ggím）：向砛即外大门内石砛。

② 覆瓦槽（pàr huǎ zó）：弧形瓦的圆心向下。笑瓦槽反之。

③ 退水（tè zuì）：指向后退，向下降。

④ 实内（xǐd lāi）：开间不包括墙体在内的实际长度。

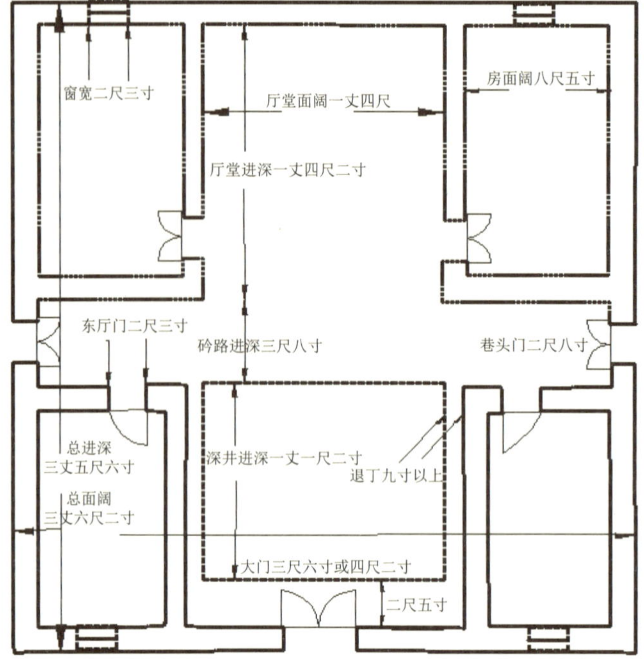

图 3-3　七架开嘴厅平面寸白示意图

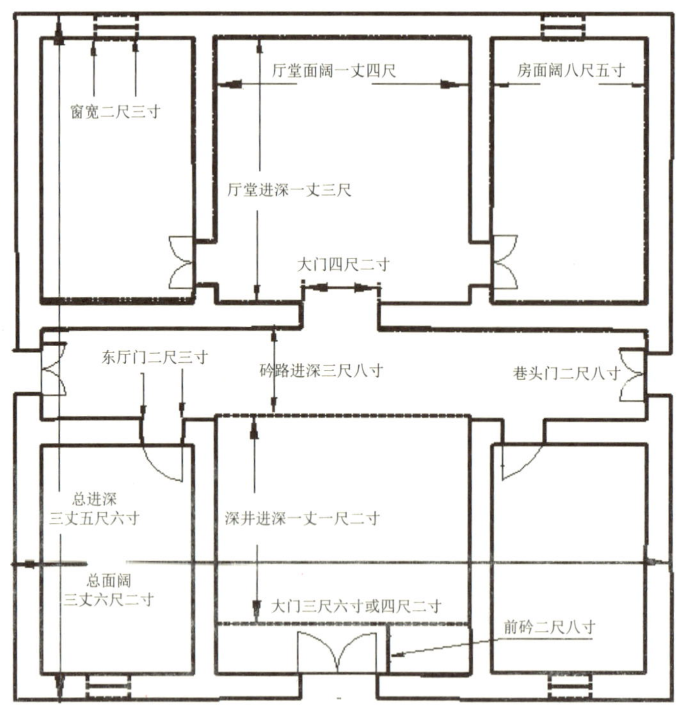

图 3-4　七架合嘴厅平面寸白示意图

几寸不可超过一丈五尺，加水三至五寸。

七架巷头门宽二尺八寸，高六尺四寸，安装巷头门压砛一寸，至多二寸，俗称“无加落砛”[①]，比如砛路三尺八寸算砛面，安巷头门实内只有三尺七寸，也就是，如果后至砛二丈零一寸，安装巷头门实内只有二丈。

七架中脊的位置，不能在房门的竖柱上；打开七架内大门，让门扇垂直于墙壁，厅前二架椽不能压上门扇，俗称“前不压人”。厅后椽不能压上长案桌，俗称“后不压神”。不管古厝几架，都必需遵守，否则“破拍”[②]。

七架巷头椽，即檐口椽，要压在石砛后方的位置，如果压不上，“破拍”。

如果开嘴厅[③]，东厅墙要退丁一尺一寸，退丁即东厅靠深井墙堵，对准厅堂两边墙堵向两边退，深井面阔加宽。土地公位置，即人在厅堂背靠后壁墙，从地面往上量四尺四五寸，往大门外看，不能看见双边东厅檐面滴水（俗称“目屎水”）[④]。实际上，不管大厝几架，凡是开嘴厅，都会在后落厅前的檐下与深井之间放置两块木制的大屏风，既遮风挡雨，又可抵挡夏日强烈阳光的曝晒。即使不“退丁起”，有这两块大屏风，也看不到东厅的檐面滴水，但按寸白，还是要退丁。有内大门称“包丁起”，此时则东厅和房同宽，不退丁起。东厅门宽二尺三寸，高五尺九寸。[⑤]

凡七架内大门宽四尺二寸，高配七尺二寸，外大门宽三尺六寸或四尺二寸，高六尺六寸。房门宽二尺八寸，高五尺九寸，房门下斗低于外大门二寸。外墙窗底四尺又五分高，窗宽一尺六寸，高二尺三寸，包外“四只三空”。山墙窗宽二尺三寸，高一尺六寸，包外“五只四空”。

（三）大七架

大七架，俗称“七拖八，三八加”，“三八加”即三八加水，是中脊举高最大的，一丈折三尺八寸。厅实内面阔可配一丈四尺六七寸；房实内面

---

① 无加落砛(vó gā lǎo ggím)：加落，即掉下的意思。

② 破拍（puà pà)：即不合规格之意。

③ 开嘴厅（kuīcuì tniā）:厅堂口不砌墙，不安装内大门。

④ 目屎水（vǎr sái zuì）:泪水。意指伤心，不吉利。

⑤ 退丁起（tè dīng kì)：退丁，即后落开嘴厅，东厅靠深井墙路往外退一尺一寸。包丁起（bāo dīng kì)：包丁，即后落有内大门，东厅靠深井墙路与后落厅堂与厢房之间的墙体成一条直线。

阔可八尺八九寸至九尺二三寸，四堵墙共五尺二寸。按屋字地母寸白尾，内外合寸白，大七架三开间总面阔三丈七尺至三丈七尺七寸。

后落厅进深一丈五尺二三寸，砛路宽四尺二三寸，大七架后壁墙至砛进深二丈三尺二三寸，俗称“后至砛”[①]。砛分为三节，中砛一丈二三寸，双边砛头按厅面阔扣中砛长度的二分之一加一尺，砛厚五六寸。后砛宽一尺三四寸，前砛宽一尺一二寸。

深井包括子孙巷四寸，进深可配一丈二尺四五寸。前向砛路二尺五寸左右，前大门墙一尺三寸，总进深三丈六尺余至三丈七尺。

中脊内高一丈五尺二三寸，后桷山可配一丈一尺三四寸，前檐要比后桷山高二至三寸，要按屋字天父寸白尾计算。中脊位置按后坪多前坪一尺二寸。退运料三层四寸，加水三五。后墙一尺三寸，桷山面扣下八寸，到出三层底，前檐面退扣运料二寸五分。

开嘴厅中墙前角用杉木圆柱，俗称“虎口柱”，后来也改用红砖砌柱，要向前出屐头，虎口柱之间置一条高一尺三四寸、厚二寸五分的寿梁，寿梁高度为人走到砛面上只见寿梁，不见中脊。

东厅中脊按后落前檐下一尺为中脊面退加水。后落密嘴厅，东厅墙不退丁起，东厅向深井面出运料要和向砛檐同高。后落开嘴厅，东厅靠深井墙要各退一尺一寸，东厅退丁起。

内大门可用宽四尺二寸，高八尺又五分；外大门宽四尺二寸，高七尺二寸。开嘴厅房门向巷廊，密嘴厅房门向厅，靠厅口墙。巷头门要压砛面一寸，如巷廊四尺一寸，巷头门放在四尺，俗称“门面压砛”。

巷廊上按椽底内高七尺八寸放椽，椽上铺杉板作“半楼仔”，通过“半楼仔”的小门可以进到房前上面的“半楼仔”。房前“半楼仔”只安装三支椽，内高八尺二寸，上铺杉板，平时上“半楼仔”用活动的木楼梯。

窗用颜紫砖砌，后窗宽可二尺三寸，高二尺八寸，后壁墙开窗房各一个，厅两个。山墙边窗宽二尺三寸，高二尺一寸。边墙东厅窗宽二尺三寸，高二尺一寸窗。外大门墙双边窗宽一尺六寸，高二尺三寸。

大七架屋面钉桷，厅一丈三尺六七寸或一丈四尺六七寸，钉桷二十二

① 后至砛（āo jì ggím）：后壁墙外角至砛沿的直线距离。

支至二十六支，房钉桷十六支，厅中布瓦覆槽，中墙布覆槽，房外归墙上布笑槽，房布瓦八覆槽，左右两间共十六覆槽，厅连墙中十三覆槽，总共二十九覆槽。房间不能布七覆槽八笑槽，即俗称“七覆八笑”，否则“破拍”。前落前坡面要大于前落后坡面，与后落成对称，叫父子相向，属吉，否则叫父子相赶出，则凶。

（四）七架宫庙

宫庙寺庵古厝内，除供祀佛教、道教、儒教的神祇，还供祀诸多民间地方信仰神，俗称“挡境佛”。与民居住宅一样，宫庙寺庵古厝都具有独特的建筑风格。翔安七架宫庙的营造寸白是：

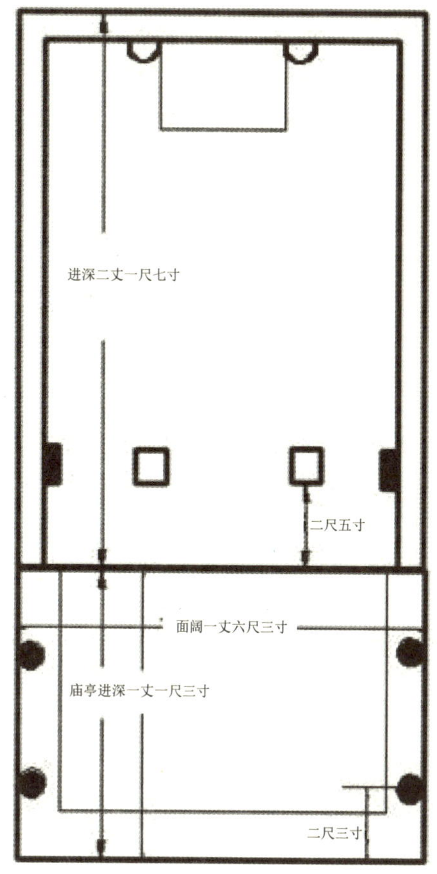

图 3-5　七架宫庙寸白平面示意图

佛堂面阔一丈四尺二三寸，按两条墙二尺，总面阔一丈六尺二三寸。按屋白配法，进深一丈四尺七八寸，后神座进深二尺五六寸，后墙一尺，大门墙一尺，吞砛二尺五六寸，后壁墙至砛深二丈一尺七八寸。

后佛座的柱子按半柱，即柱子一半砌于墙内。中脊内高一丈四尺八九寸，后桷山可配一丈一尺二三寸，按屋字天父配法，前檐一丈一尺五六寸。

前立卷棚方亭的庙宇，按庙宇进深八折，为方亭进深，可一丈一尺三四寸。前亭中脊内高一丈一尺九寸，四边檐高一丈左右，前亭外砛面阔和后壁墙同宽，左右砛退入二尺三四寸，前后安装四支石柱，有石柱础。柱及柱础总高八尺五寸出双栱，中间砧头斗，做横梁加高到脊底，屋顶钉桷，如坐北向南，东西屋面做斜坡，前后做燕尾脊，前规带下二尺三四寸，加水四寸，共二尺七八寸做斜规，做草仔花。

中脊剪瓷雕饰二条龙，规带尾做座，泥塑人物故事。

（五）中大宫庙

中大宫庙出步柱，佛堂面阔一丈四尺二三寸。佛堂两边称小港，相当于民宅房间的位置，面阔配七尺二三寸，双边小港可配七尺一二寸，指四点金柱[①]，柱中心对柱中心。两条外墙二尺。按宫庙坐向、地母寸白尾，总面阔三丈又六七寸。

厅进深可配一丈五尺二三寸，后寿堂六尺四五寸，后墙一尺，步柱柱心距三尺三四寸，砛路三尺二三寸，总进深可配二丈九尺四五寸。

天井进深可配一丈二尺一二寸，深井两边也有的做“室仔”，退丁砛一尺二寸，砛至外墙内六尺一寸，深井总面阔一丈六尺六寸。

前厅可配八尺一二寸，前墙一尺，厅凹寿三尺六寸，前檐廊进深二尺八九寸，前落总进深二丈七尺七八寸。中大宫庙总进深五丈六尺九寸左右。

后落步柱双边为两支石柱，出栱做枯斗、做楯，灯梁，深井两边内室仔各两支石柱，出栱枯斗，前面凹寿出栱，栱尾做花加篮，双边前角竖角柱，凹寿石砛竖石柱。

后落佛堂按丁子师尺寸计算做佛龛，两边门实内放正中、门双边做拖窗、门堵，上放后楣遮后桷山，前楣遮中脊。寿堂墙双边寿堂柱半柱，四点金中花心栱。

后落中脊内高可配一丈五尺八九寸，后桷山可配一丈一尺二三寸，前檐面可配一丈一尺四五寸。前落中脊内高可配一丈二尺五寸，外檐高可配一丈零一二寸，天井前砛檐一丈四寸。

三、九 架

九架古厝又分小九架、九架、大九架、九架二落几种，硬山顶，燕尾脊。一般以九架的进深进行区分，九架以上古厝边堵墙不放窗，只在镜面墙房间位置和后房后壁墙中间放一个窗。寿堂后墙上可左右各放一个窗，依个人喜好，有的不放窗。九架以上古厝还在巷廊上面的鸟踏上，靠桁头处砌一个内宽六寸，高九寸的小石窗，俗称“探头窗”，是古时防盗贼，用于窥视的窗户。

---

① 四点金柱（xì diàm gīm tiāo）：大型宫庙或祖厝，后落厅堂用以支撑屋顶的四根大杉木柱。

九架古厝

（一）小九架

小九架，寸白字称“加三八水”。按屋字寸白尾配比，古厝核心厅堂面阔为一丈四尺八寸；房面阔八尺七八寸或九尺五六寸，四路墙厚五尺二寸，总面阔三丈八尺左右。

厅堂进深一丈六尺二三寸，寿堂进深五尺二三寸，路砛可四尺七八寸，按屋字寸白尾配比，加一条后壁墙一尺二寸，小九架后落开嘴厅总进深二丈八尺二三寸，密嘴厅二丈九尺二三寸。

深井包括子孙巷进深一丈二尺四寸。前落厅进深一丈又三寸，前落厅前砛二尺九寸，大门墙一尺三寸，吞砛二尺一寸。整栋小九架总进深五丈五尺四寸。

小九架两边寿堂门的寸白是，宽度为二尺八寸，高度为七尺二寸，后房门设置在寿堂内，靠后墙壁，前房门向巷头廊，房门置于巷头廊的内侧的中央。开嘴厅虎口柱作杉木方柱或砌砖柱出屐，虎口柱之间作前楣高一尺三四寸，厚二寸五分。前楣高度是人站在砛面上不见中脊，后楣高度是人站虎口柱处，看不见后桷山。

小九架中脊内高一丈六尺六七寸；退水后桷山一丈一尺三四寸；前檐加

后桷山二至三寸，高一丈一尺五六寸。山墙规尾石窗宽九寸，高一尺六寸。

开嘴厅东厅退丁一尺二寸。前向砛一尺二寸宽，六寸高，巷头门要压砛一寸，才不会“加落砛”。

后落中砛配一丈一尺五寸，双边砛头三尺五寸，总长一丈八尺三四寸。前向砛中砛配一丈一尺五寸，双边砛头二尺七寸左右。

小九架外大门框架建筑形态有两种：一是门竖以颜紫砖砌筑，木制上门斗，素平石雕下门斗[①]；二是素平起线门框，即门竖、门斗均为石材。寸白标准为宽四尺二寸，高七尺二寸。

（二）九 架

九架，一般特指中九架，九架后落从后壁椽到前檐檐板，取中点为中脊位置，古厝中脊举高为前后距离，每丈退水三尺八寸，俗称“加三八退水”。如后落进深二丈八尺四寸，扣后壁墙一尺三寸，前后距离二丈七尺一寸，折半为一丈三尺五寸，这点的垂直线上就是中脊的位置。加三八退水，总退五尺二寸，墙上中脊高一丈三尺五寸扣五尺二寸，为七尺三寸，如按《营造法式》的举屋之法，“即四分中举起一分”，则为七尺一寸，相差二寸是允许的，中脊总高还要参照天父寸白。

按屋字寸白，厅堂面阔一丈五尺四五寸，房面阔小为八尺八寸，大为九尺二三寸，四路墙壁计五尺二寸，总面阔三丈九尺二寸左右。

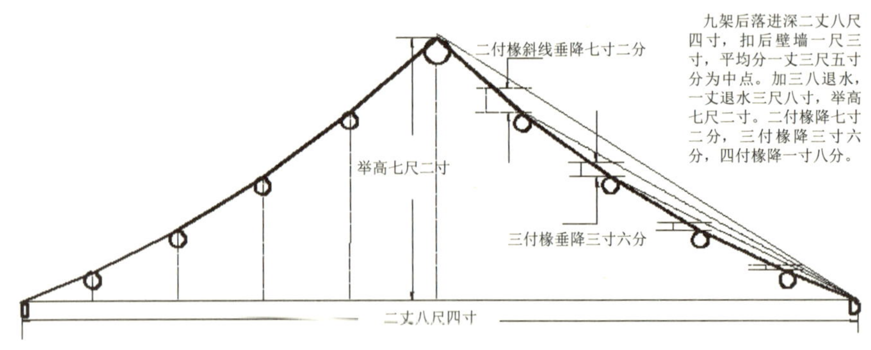

图 3-6　九架举屋法

① 门竖（mňg kiā）:门框两侧竖立的素平条石。颜紫砖（ggān jì zňg）:又叫“清水砖”“烟炙砖”，有一寸来宽红黑相间的斜纹。

按屋字与地母寸白，开嘴厅后落厅堂进深一丈六尺七寸，寿堂进深五尺六七寸，砛路进深四尺七八寸及一条后壁墙一尺三寸，后落进深二丈八尺四五寸。

深井包括子孙巷六寸，进深一丈三尺二寸，须配天父寸白尾；前落厅进深一丈二尺五六寸；外大门墙一尺三寸。凹寿进深二尺四五寸，九架总进深为五丈九尺五六寸。

寿堂俗称“堂前后”。两边寿堂门高七尺二寸，宽二尺八寸，上面门头堵。寿堂杉木板堵做中间大，两边三堵小杉堵到寿堂门门头堵上做一条后楣，遮住后桷山。后房门位置于寿堂内，靠后墙壁，前房门位置于巷廊内侧的中央。

九架中脊内高一丈七尺二三寸；退水后桷山一丈二尺二寸；前檐比后桷山加高二至三寸，高一丈二尺四五寸，这称“有向阳”；厅口做杉方柱或做砖柱出屐，虎口柱两柱之间作前楣一尺三四寸，遮住中脊。“虎口柱”量五尺高到中脊高斜线开中，大约一丈一尺内，放六棱柱灯梁，灯梁不能做八棱柱，灯梁两端做花座。房间山墙中脊椽头比厅中脊面加高一尺三四寸，即“升山”[①]。规尾出五层，灰塑脊坠、檐板。

厅钉桷二十六支，房钉桷十六支，厅屋面瓦中布凸槽，厅与房之间墙上布凸槽。

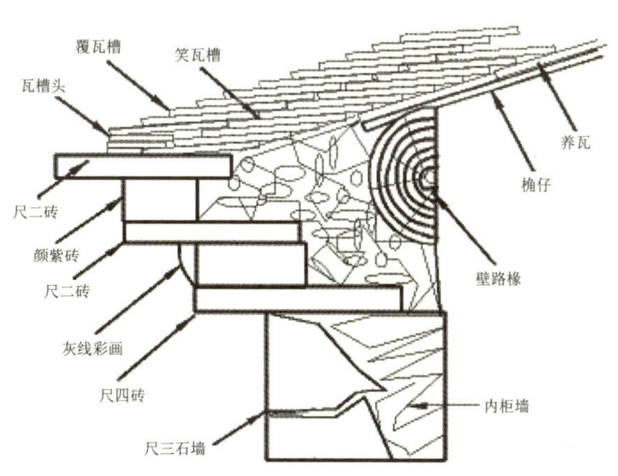

图 3-7　后桷山出五层运料示意图

---

① 升山（xīng sunā）：厢房外面山墙顶点比厢房与厅堂之间墙的顶点高。

后落燕尾脊，前落做燕尾脊，前后合称九架二落。后落、前落山墙下出鸟踏；山墙封砖用七寸釉面砖，三块一竖，做斗子砌，规中要全块釉面开中，不能竖缝居中，俗称“竖中破拍”。规尾窗居中宽九寸，高一尺六寸，称“规窗”。规尾、后桷山退运料三层或五层。如退运料三层，底层用尺四砖，中间一层用颜紫砖，上层尺二砖，三层运料四寸，加水四寸，总降八寸；如退五层运料，底层用尺四砖，上用窑口粗砖，窑口粗砖上出一层尺二砖，再上用颜紫砖，顶层出尺二砖，共五层运料高七寸，加水四寸，共一尺一寸。山墙下从后墙角退一尺三寸，砌两层尺二砖鸟踏，鸟踏过底（鸟踏直砌到后墙角，不留一尺三寸）就破拍。

鸟踏前面要占巷头门面一寸至砱面。

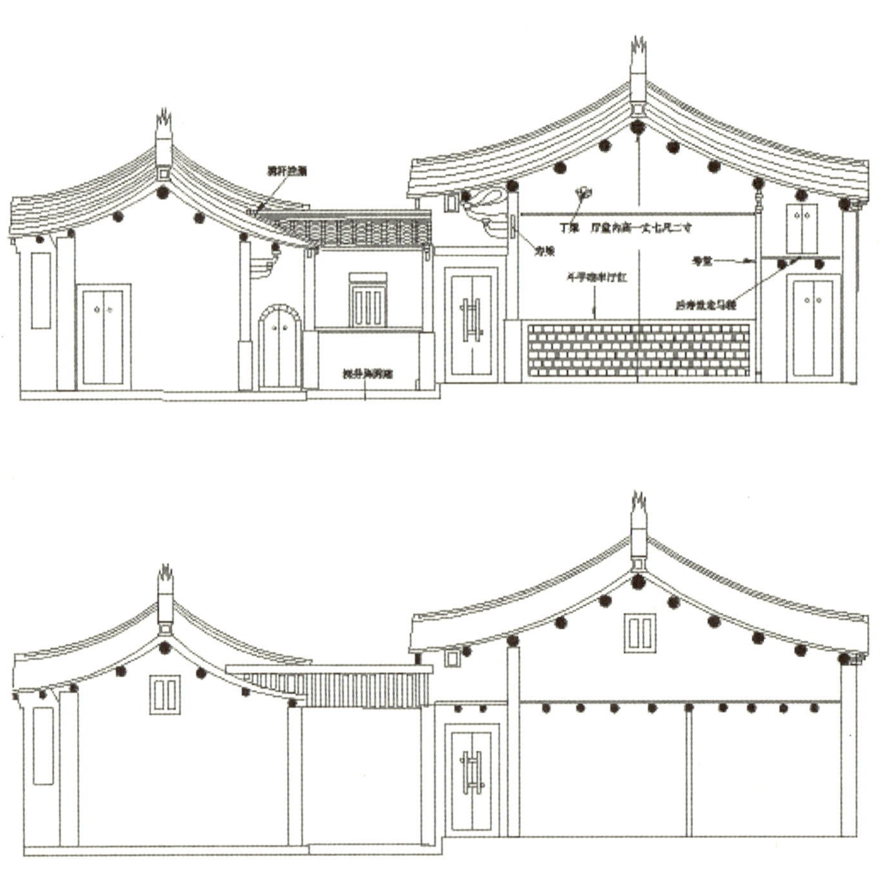

图 3-8　九架二落侧面示意图

后落中脊位置后落总进深扣后壁墙一尺三寸对开，后角到中一丈四尺八九寸，进水一架进一寸，九架由中点进九寸至一尺到中脊椽位置。

（三）大九架

大九架，俗称“九拖十”，对照每架椽的位置，架与架之间椽心距三尺内。大九架古厝厅堂面阔一丈五尺八寸，房面阔九尺二三寸，加上四条壁墙五尺二寸，总面阔三丈九尺四寸。

厅堂进深一丈七尺六寸，后寿堂进深五尺七八寸，砛路进深四尺七八寸，后壁墙一尺三寸，后落进深要按屋字的地母寸白尾，从后壁墙至砛二丈九尺四寸至三丈又四五寸。

深井按屋字的天父寸白尾，进深一丈三尺八寸。

前厅进深一丈三尺二三寸，前砛面宽二尺八寸，外大门墙一尺三寸，前厅凹寿二尺六寸，总进深二丈一尺八寸。

前后落总进深六丈三尺五六寸。

房中脊升山一尺三四寸，做燕尾脊。左右房上与后寿堂安装杉木楼板做楼上，楼椽心距二尺七八寸，椽底内高八尺二寸，椽上铺钉八分厚杉木板，连同巷廊上“半楼仔”，从左边“半楼仔”走进房上楼道通过后寿堂到右边房上楼道，走一个“同字框”，经过四个门，就可以到右边“半楼仔”，这个结构俗称“走马楼”。

半东厅，即前砛“猪母巷”，门宽为二尺三寸，高五尺九寸。上东厅屋顶圆规头，面出三层或五层运料，其中也有东厅上建砖坪，半东厅外出三层，镜面出圆规头，圆规头三层做脊坠，也有前落屋脊燕尾脊。大门双边砌釉面砖，做线条。大门顶做方形郡望额匾。也有装饰成“假二落”，房镜面出水车堵，做檐板线，内外角柱作木栱斗，前小厅有的做尖脊。前檐出二三寸，东厅脊下出一尺二三寸，东厅屋进行施工时，如果后落是开嘴厅，东厅墙路要退丁一尺，包墙无包砛。

凡九架及以上古厝，有内外大门之分，内大门宽四尺二寸，高八尺又五寸；外大门宽四尺二寸，高配七尺二寸。巷头门宽二尺八寸，高六尺六寸，房门宽二尺八寸，高五尺九寸。东厅门宽二尺三寸，高五尺九寸。

（四）大九架二落

大九架二落大厝布局，硬山顶，燕尾脊。后落总进深三丈又几寸，总面阔三丈七八尺。厅堂内高按天父寸白尾一丈七尺三四寸，中脊位置为后落进深扣一尺三寸平均分，比如实内进深二丈九尺二寸，中点一丈四尺六寸为中脊位。前落进深，包括深井，可比后落多三尺，但不可超过四尺，深井进深一丈三尺八寸，猪母巷按地母寸白进深二尺五寸，前厅进深一丈三尺几寸，前大门墙一尺三寸，凹寿砛进深二尺七八寸。后桷山高一丈二

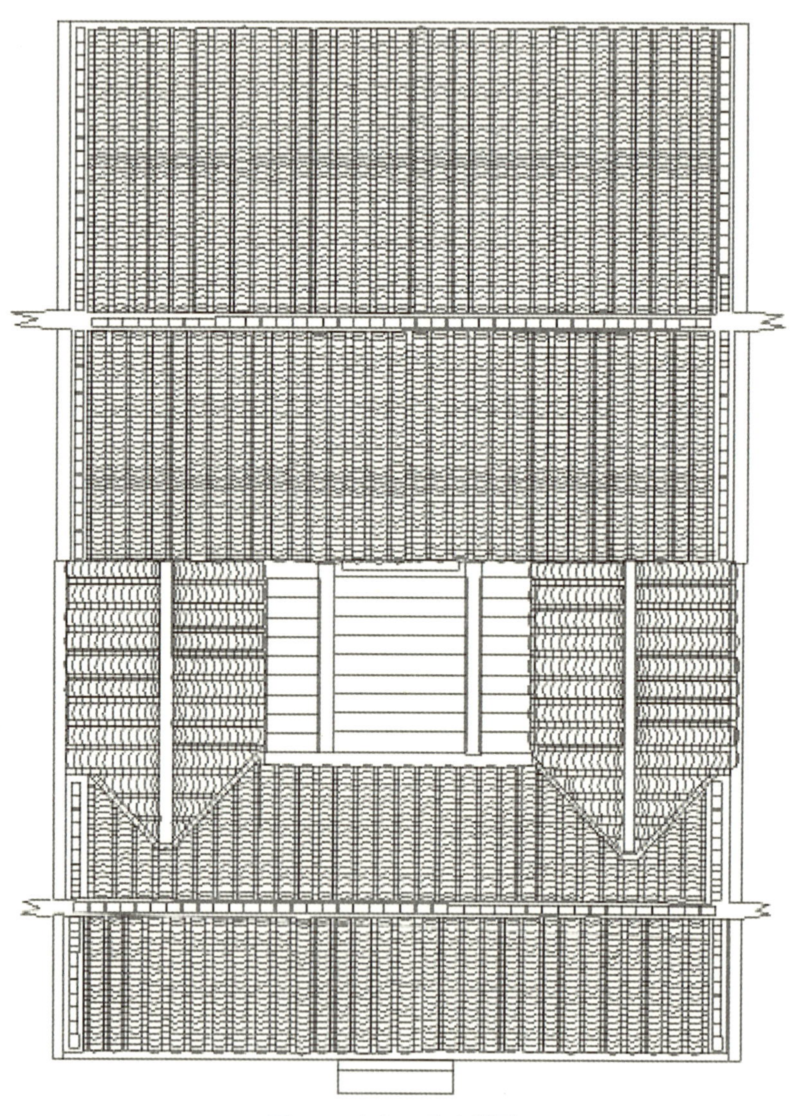

图 3-9　九架二落鸟瞰图

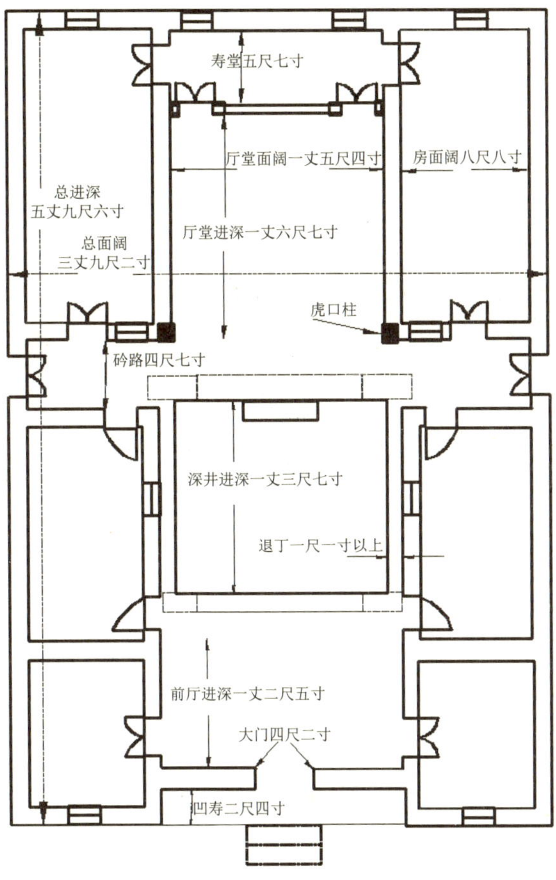

图 3-10 大九架二落平面寸白尾示意图

尺，前檐面一丈二尺三四寸，规尾窗宽一尺六寸，高二尺三寸，窗上出三层窗盖。

四、十一架古厝

穿斗式十一架出步柱式古厝，坐东朝西，如卯酉兼甲庚，地母配四六八寸，天父配二四九寸。前后两落总面阔三丈九尺六寸，总进深六丈八尺四寸。

厅堂实内面阔一丈五尺六寸，根据展步大小，房面阔有九尺四寸与八尺八寸两种规格，四路壁墙五尺二寸，总面阔三丈八尺四寸或三丈九尺六寸。

厅堂实内进深一丈七尺四寸，寿堂进深七尺六寸，后壁墙厚一尺三寸，步柱进深三尺八寸，砛路进深三尺八寸，后落进深计三丈三尺八寸。

十一架古厝

十一架出步后落按东卯西酉之天父“二四九”寸白尾施工，厅脊底内高为一丈七尺九寸，中脊椽径九寸，尾一尺。前檐高后桷五寸，后桷高一丈二尺四寸，运料降下出五层退七寸，加水退五寸，总降桷山石一尺二寸，后墙高到运料一丈一尺二寸，出鸟踏底高为一丈一尺也可以。

前厅脊底内高为一丈三尺九寸，内檐面高一丈又四寸，东厅檐面与前落内檐面同高，前落外檐面为一丈又二寸。

深井进深包括子孙巷六寸在内一丈三尺四寸，猪母巷砛三尺八寸，前厅进深一丈三尺四寸，前厅门墙一尺三寸，前吞砛二尺八寸，前落总进深三丈四尺六寸。

十一架古厝开间多，门窗多，寸白更多。常见前厅屏墙作三川门，中门宽度为四尺二寸，高度为七尺二寸，门上做楣。双边门宽度为二尺八寸，高度为六尺六寸。外大门宽度为四尺二寸，高度为七尺二寸，门顶做门头堵，双边水车堵。前房外墙窗高度为二尺八寸，宽度为二尺三寸，做窗头堵，出料下灰塑水车堵，四支角牌柱砌砖做进水栱头，即墀头堵。

后落开嘴厅，东厅要退丁一尺八寸至二尺四寸，留小砛路一尺四寸，墙路砌颜紫砖到窗底，东厅角石柱到窗底，上放方形杉柱，前砛至东厅尾，石柱到窗底上放杉柱，内堵做杉堵，中间做窗高二尺三寸，宽一尺六寸，做窗头堵，四面镶框。东厅角出屐头栱，放上椽仔。前厅“猪母巷”门放在石砱上。巷头门宽二尺八寸，高为六尺六寸，对后墙外到砱石三丈三尺八寸，安装巷头门占入一寸，只有三丈三尺七寸，俗称“有压砱”，没加落砱。规尾封釉面砖，二层“中太砖”上做规尾窗宽一尺六寸，高二尺三寸，窗上出窗头堵。

后寿堂做法：按寿堂深度和厅深各占二寸砌红砖，四寸宽，用八寸长砖件称“大太砖”砌三层或用长石条高八寸，宽四寸，四面素平，上放“下服”。下服即门槛。花心柱半柱，中墙寿堂半柱，寿堂门二尺八寸，门上门楣，门楣上放四寸“上服”。半柱二寸和门包外三尺七寸（包门竖双边七寸，半壁二寸共九寸），花心柱和半柱下安装石柱础，亦称“柱珠”。花心柱宽六寸，中对中七尺六寸，石柱础高九寸，半柱珠四寸，花心柱珠六方，高九寸。

寿堂门高七尺二寸，加门下红砖门斗共九寸，门顶四寸，总合八尺五寸。门头堵一尺六寸，楣一尺四寸，地面到楣，总高一丈一尺五寸。格一缝一尺，共三尺，小楣一尺，花心柱上雕作狮座。寿堂椽底做一条引仔（椽下方形长杉木）。

十一架步柱出屐栱三层，二枯斗，东厅角柱出栱一长一短，栱斗一个，东厅每面两副，前厅出栱两个，按椽步尺寸，须压砱。

后落砱宽一尺八寸，中砱长一丈一尺二寸，砱头三尺二寸，六寸厚。后落进水一尺或一尺一寸到檐外面；东厅砱宽九寸，长按天井进深尺寸，东厅进水四寸到檐面；前落砱宽一尺三四寸，前厅檐面进水四寸。“进水”① 指出檐面超过石砱外沿，檐前雨水不滴在石砱上，而直接滴在深井里。

深井退水落踏，后落地面退二踏为深井面，每踏六寸，共退一尺二寸。东厅和前厅退后落一踏，“退水”指下降。外大门下斗要比后落砱面高三至五分，称为“居财”，前后落面阔之差甚微，前落减二寸或几分，称“包丁包财”。

前落房包墙一丈一尺九寸，地平下放“风鼓座”，风鼓四寸厚，堵内

① 进水（jìn zuì）：指往外伸。

下八寸条石，下地平。风鼓座和吞砛砛面同高，风鼓座外沿倒角一寸，砛厚度五寸。

前房角的下角牌，宽一尺二寸，侧面五寸厚，高按四层圣旨砌高度。素平石面上颜紫砖砌三层，到窗底四尺高，窗两边堵内封砖或錾砖砌。镜面窗宽二尺三寸，高二尺八寸，四周镶颜紫砖，做窗头堵，灰底题字。角牌砖柱到栱底高八尺四寸，出栱高一尺三寸，檐底九尺，出檐五寸。窗双边高八尺四寸，做水车堵七寸上砌干砖至一尺三寸，总高九尺七寸，然后做檐板灰线五寸，总数到檐面一丈又二寸。

后落厅布桷二十六支，房布桷十六支，总布覆瓦三十三槽；前落布覆瓦三十二槽，后落覆槽中、前落笑槽中。

（一）十一架出步

十一架出步，即十一架两落“三川门、四抽巷”古大厝[①]。后落厅堂面阔一丈六尺三四寸，房宽九尺四五寸，四条墙五尺二寸，总面阔四丈又五六寸。

厅堂进深一丈七尺七八寸，寿堂进深八尺五六寸，步柱进深四尺二三寸，砛路进深四尺二三寸，后壁墙一尺三寸，后壁墙至砛总进深三丈六尺二三寸；深井进深一丈三尺七八寸，前厅巷廊进深四尺五六寸，前落厅进深一丈四尺五寸左右，大门墙一尺三寸，外吞砛三尺七八寸，前落总深三丈七尺四五寸；前后落总进深七丈三尺五六寸。

前厅后轩小木作三川门、中为大门，双边小门，后落虎口柱之间也可以做三川门。后落有巷头门，前落也有巷头门，前后落上下四个巷头门称“四抽巷”。

后落中砛长一丈二尺八寸，砛头四尺五寸，总长二丈一尺八寸。深井砛踏，长度按大门宽度，加大门二门柱一尺六寸，共长五尺八寸，宽九寸。东厅砛长一丈三尺四寸，宽九寸。前落中砛长一丈二尺八寸，砛头三尺九寸，前砛总长二丈又六寸。前落凹寿中砛长一丈一尺四寸，砛头二尺一寸，

① 三川门，四抽巷（sām cuān mńg,xì tiū hāng）：三川门：后落、前落厅堂面向深井做笼扇杉墙，中间大门，左右小门。四抽巷：榉头与后落、前落之间设有巷廊，于边堵墙设左右各两个巷头门。

宽一尺二寸，总长一丈五尺六寸。砛踏长五尺八寸，二踏到埕面。

后落厅中脊内高一丈八尺六七寸，中脊椽用一尺直径杉木。后桷山扣加水（退运料）高一丈二尺二三寸，前檐面高一丈二尺四五寸。

前落东厅下一踏六寸，前厅中脊内高一丈四尺五六寸，前落内檐面高一丈又四五寸，前落外檐面高一丈又二三寸，东厅内檐高一丈又四五寸。前落内檐和东厅内檐要合檐口，东厅中脊檐杆挂漏。

前落镜面两侧房墙至地平降三踏一尺八寸，筑风鼓座或柜台脚。双边角牌石高四尺，宽一尺二寸，厚度五寸。角牌石上压宽一尺二寸，厚五寸素平石，以上颜紫砖砌角牌柱，砖柱宽一尺二寸，厚九寸。角牌柱高到栱底八尺七寸左右，栱仔头，即墀头堵，一尺三寸接檐底。镜面身堵中置宽二尺三寸，高二尺八寸石窗。石窗双边身堵饰红砖雕，多为花鸟图案。窗头堵框内题字。砖砌到双边栱底，上构建水车堵。堵内泥塑人物或花鸟，堵头灰塑吉利图案。水车堵上砌砖，上出三层运料，做檐板线，至檐面高。

十一架出步护龙厝也需按寸白尾配比，以大厝总面阔的一半为护龙厝进深，如四丈又五寸，可配二丈二尺又二三寸。护龙厝深井进深六尺三四寸，小砛一尺八寸，护龙厅进深一丈二尺七八寸。后壁路墙一尺三寸，护龙厝总进深二丈二尺四五寸，护龙厝与大厝寸白相同。

十一架出步护龙厝，上下护龙厝总面阔七丈三尺二三寸。其中，顶护龙厝，厅宽一丈三尺七八寸，房宽九尺一二寸，四条壁路墙五尺二寸，总面阔三丈七尺三四寸。下护龙厝，厅宽一丈三尺五六寸，房宽九尺一二寸，三条壁路墙四尺二寸，总面阔三丈六尺八寸。

古代，富贵人家女儿出嫁，必须于十一架出步，“三川门，四抽巷”左右护龙的后落大厅，办理酒席宴请女婿才算“有够级”①。请女婿时张灯结彩，把深井里的涵洞堵住，放满水。女婿到的时候，从深井涉过，走到后落大厅。岳父母要立刻拿出准备好的整套全新的衣服、鞋袜让女婿换上。

（二）大十一架

大十一架。厅宽可配一丈六尺六七寸，房宽九尺四五寸，四条墙五尺二寸，总面阔四丈又七八寸。

① 有够级(wǔ gào gìm):够级别。

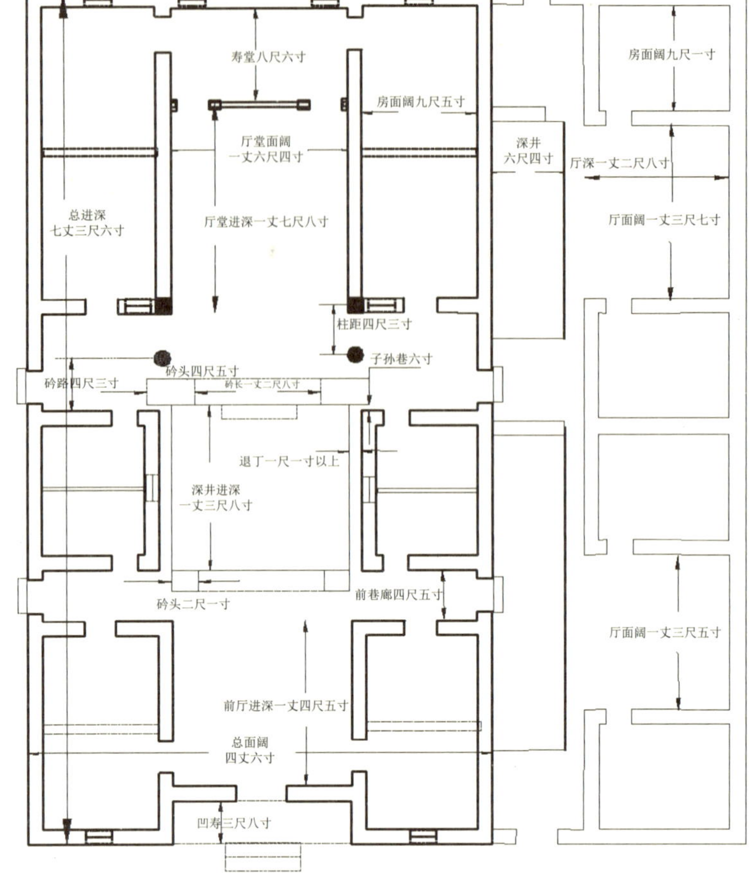

图 3-11　十一架出步护龙平面寸白示意图

厅堂进深可配一丈七尺八九寸，寿堂进深可配九尺，后墙一尺二寸，步柱至虎口柱四尺三四寸，砛路可配四尺四五寸，后落总进深三丈七尺一二寸。深井、前落可根据占地大小和埕步按寸白尾配比。

（三）十一架祖厝

闽南的祠堂又称宗祠、家庙，本地俗称“祖厝”。祖厝是祭奠祖先、族人集会议事和教育训诫子孙的处所，故“礼尊而貌严”，要有庄严肃穆的外观和气氛。因此，祖厝的营造布局别具一格。

十一架祖厝坐向“坐子向午癸丁，分金庚子庚午”。大厅面阔一丈六尺六寸，小港面阔八尺二寸，两条外墙二尺四寸总面阔三丈五尺四寸。祖厝厅进深一丈七尺四寸，寿堂进深八尺二寸，四点金柱柱心距进深四尺二寸，砛路进深三尺六寸；后至砛三丈四尺二寸。

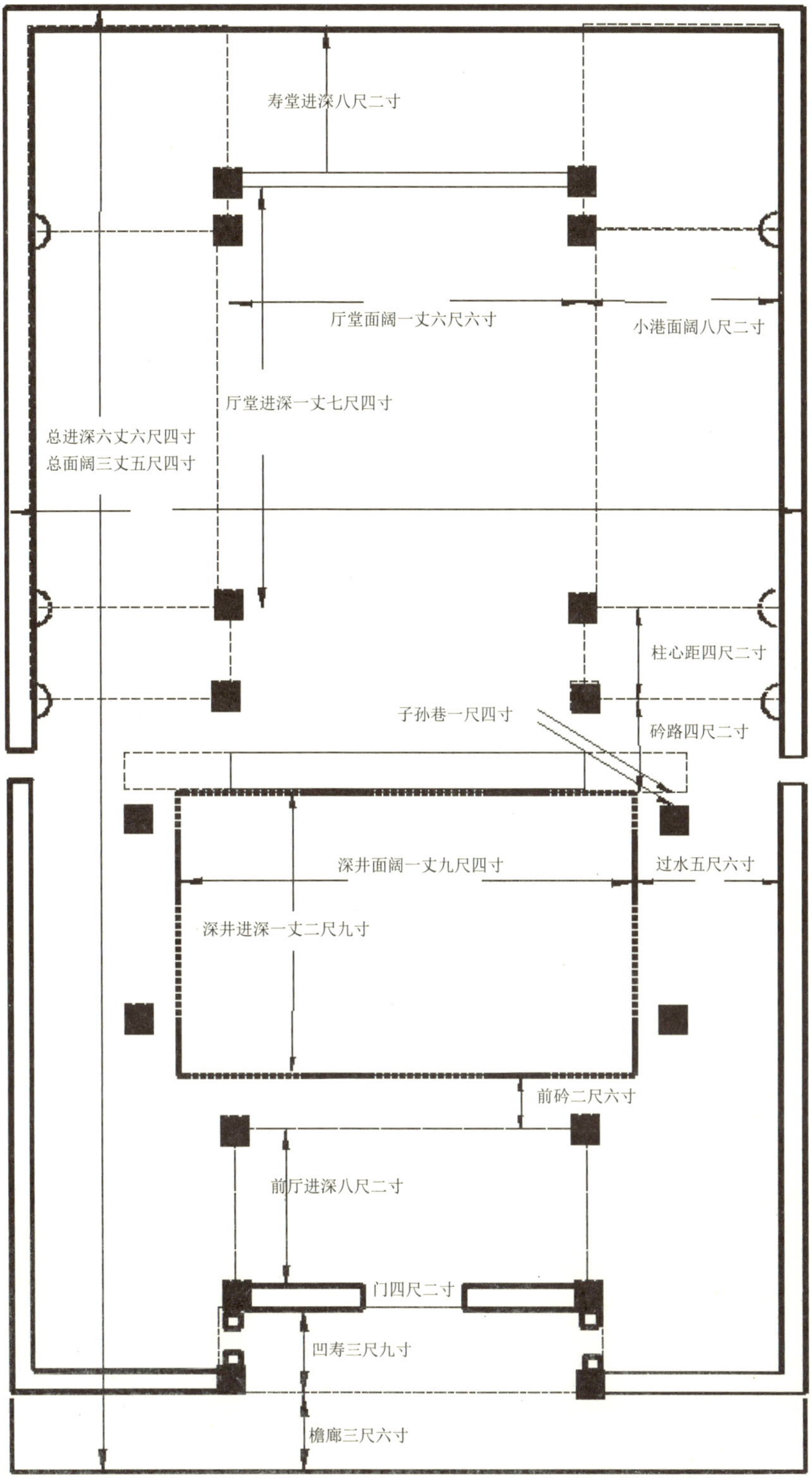

寿堂进深八尺二寸
厅堂面阔一丈六尺六寸
小港面阔八尺二寸
厅堂进深一丈七尺四寸
总进深六丈六尺四寸
总面阔三丈五尺四寸
柱心距四尺二寸
子孙巷一尺四寸
砱路四尺二寸
深井面阔一丈九尺四寸
过水五尺六寸
深井进深一丈二尺九寸
前砱二尺六寸
前厅进深八尺二寸
门四尺二寸
凹寿三尺九寸
檐廊三尺六寸

图 3-12　十一架古厝平面寸白示意图

天井进深一丈二尺九寸，前砛长二尺六寸，前厅进深八尺二寸，前落大门墙一尺，凹寿进深三尺九寸，前檐廊三尺六寸；前落进深三丈二尺二寸；前后两落总进深六丈六尺四寸。

后落中脊内高一丈七尺九寸。后桷山高一丈二尺五寸，前檐高一丈二尺七寸。前落中脊内高一丈四尺五寸，内檐一丈又九寸，前檐廊檐面一丈又七寸。后落鸟踏退后壁角一尺三寸，鸟踏底高一丈一尺一寸。五层运料底一丈一尺三寸，鸟踏总长至巷门顶三丈二尺九寸；中脊位置，由后壁墙角到中一丈七尺八寸。山墙可用长一尺三寸，宽八寸大甓红砖斗子砌，砖面正中砌到中脊位高，出五层运料，做脊尾坠。五层底做檐板，檐板尾施以彩绘花卉，五层底的第二层抹灰蓝底彩画。第三层出尺二砖，五层底出尺四砖。前落厝墘外檐五层比内檐五层高六寸，东厅五层和前落鸟踏面同高。

前落中脊五层底做脊坠，做檐板。厅宽钉桷二十六支，房钉桷十三支，中钉桷一支叫“压中”。整个坡面钉五十四支杉桷，前落钉桷一百零八支。厅堂作前楣、后楣、灯梁，步柱雕花石柱础，外墙柱作半石柱础，后寿堂作半石柱础，双边墙做三堵砌，石高六寸，厚三寸。厅堂铺砖按四点金面阔，从中铺起，进深从中铺起，厅中斜角分中铺起，才不会“破丁”。前落大门边放抱鼓石，双边小门宽二尺三寸，高五尺九寸，半圆栱门。大门边做各种花样圆窗。凹寿上出栱，栱头做莲花座，大门顶上立郡望匾额，如“陈氏家庙”“洪氏宗祠”。

俗话说“宫前祖厝后”①，祖厝是同宗族人岁时怀念祖先，敦睦族亲的活动中心，门口埕太小，显示不了家族的气派，祖厝前面建大厝，一般不宜太高，祖厝要“见白”，所以，祖厝前建大厝必须有一定的距离，一般都有二到三埕进深。埕以经步丈量，一经步四尺五寸，不够经步，半经步也可以。祖厝门口埕是二埕，上埕一丈三尺五寸，下埕一丈三尺五寸，各三经步；如果祖厝门口埕三埕，顶埕可一丈三尺五寸，中埕最大，可用二丈七尺，尾步埕最低，水流汇到中埕尾，放出水。

① 宫前祖厝后（gīng znái zô cù āo）:宫庙前和祖厝的后面都不是营建住厝的场所。

五、十三架祖厝

十三架祖厝厅堂中间“四点金”，即四支大杉木柱，柱中对柱中寸白尾计算。祖厝内不砌内墙把厅堂和房隔开，厅位面阔一丈九尺一二寸，房位面阔九尺至一丈，两条外墙二尺八寸，总面阔四丈一尺左右。

厅进深二丈一尺，后壁路墙一尺四寸，寿堂进深一丈一尺一二寸，步柱柱心距，进深六尺五六寸，砛路四尺四五寸。后至砛深四丈五尺一二寸。

祖厝过水檐廊或东厅，退水一尺四寸，小砛一尺三四寸。

深井进深一丈五尺至一丈六尺。东厅小砛立柱，柱中至砛一尺或九寸，柱边至砛留子孙巷六寸，东厅前柱至外墙内六尺一二寸至七尺几寸，外墙一尺四寸。

前厅内砛路二尺四五寸，前厅进深一丈四尺四五寸，大门墙一尺四寸，大门凹寿包角柱石三尺八九寸，外檐廊三尺五六寸左右。前落进深二丈七尺二三寸，根据用地大小与长短，厅可多配几尺，总进深七丈二尺左右。

大门凹寿双边各做一个偏门，门高五尺九寸，宽二尺三寸。前落外角石柱，底下花头到砛面平，柱高栱底，浮雕石狮或人物像。

后落中脊内高二丈二尺四五寸。后桷山可配一丈二尺八九寸，后落檐可配一丈三尺一二寸。前落中脊高一丈五尺二三寸，前厅檐面一丈一尺四五寸；外檐面高一丈一尺一二寸。深井櫸头檐面和前落内檐面同高，前落屋顶坡面与东厅屋顶坡面夹角，做挂漏母笑槽出水[1]。

六、大六路古厝

大六路古厝厅堂面阔一丈五尺一二寸，中房面阔八尺七八寸，边房面阔可配九尺五六寸或一丈又一二寸，六条墙宽七尺八寸。总面阔六丈又八九寸。

厅进深可配一丈七尺一二寸，寿堂进深可配六尺二三寸，后墙宽一尺三寸，砛路进深可配五尺二寸。后落进深二丈九尺九寸左右。

深井进深可配一丈三尺五寸，前砛二尺八九寸，前厅进深一丈二尺五六寸，外大门墙一尺三寸，凹寿二尺五六寸。东厅退丁一尺，砛一尺八寸左右，前落进深三丈二尺七八寸。前后落总进深六丈二尺七八寸。

---

① 挂漏母：即前落房间屋顶与櫸头前落范围内的屋顶笑槽雨水，汇集于成四十五度夹角的笑槽中，流进深井或屋外。

厅中脊内高一丈七尺五寸，后桷山一丈二尺五六寸，后落檐高一丈二尺八九寸。前落厅中脊内高一丈三尺七八寸，前落内檐高一丈又七八寸，凹寿檐高一丈又五六寸。东厅檐和前落檐面同高。边房中脊降中房中脊一踏六寸，地平有的降一踏六寸，有的不降。

前落镜面窗底柜台脚、二至三层封堵板石。六路房双边竖角牌石，一尺二寸宽，侧面五六寸，到窗底高。柜台脚、角牌石可极尽各种石雕花样。房前身堵中安放石窗宽二尺三寸，高二尺八寸。窗两边做各种花样錾砖堵，到窗头堵高，上面水车堵。水车堵内堵头灰塑蝴蝶、蝙蝠、祥云图样，堵中彩绘人物故事，两边房三支角牌柱顶上做三个墀头堵，直到檐底。大门边留一个九寸高、六寸宽狗洞，俗称狗涵孔。狗洞按鲁班尺寸要比大门下斗高五分，大门斗面要比后落砛面高三分。大门宽四尺二寸，高七尺二寸，上泥塑起线匾额，两边凹寿堵及对向堵砖雕或彩绘，上面水车堵。

安巷头门从后壁墙角向前量二丈九尺八寸。后落总深二丈九尺九寸，巷头门入砛一寸。后壁墙窗底高四尺二寸，窗户位置在房后墙中和厅后墙两端，窗高宽二尺三寸，二尺八寸。鸟踏高一丈一尺二寸，从后壁墙角退一尺三寸，出二层尺二砖到巷头门上，总长二丈八尺六寸。

后落中脊位置以后落进深中点，往前进一尺五六寸。山墙封砖与其他古厝做法相同。山墙中规尾窗宽一尺六寸，高二尺三寸。

后落厅虎口柱出栱，虎口柱间作寿梁。东厅角柱出栱，前厅虎口柱作楣，柱出栱。

东厅屋顶如果做砖坪，安装东厅椽，按椽与椽之间二尺七寸，钉杉木板铺上尺二砖；也有以尺四砖代替杉木板，东厅椽中心之间距离一尺三寸，用尺四盖在椽与椽之间，上面再铺上二层尺二砖，砖缝八分，以蚝壳沙灰镇缝。东厅上砖坪两端砌绿瓷栏杆或以颜紫砖砌古钱窗。

留子孙巷六寸，砌颜紫砖墙作东厅头，门宽二尺三寸，高五尺九寸。上面砌水遮墙，俗称“水闸墙”[①]，对砛面进水一尺，砌到檐底，中

① 水闸墙（zuì zà qniú）：櫸头上建有砖坪，在与巷廊之间的墙上砌砖墙至檐口，中间留矮小的门。

放小门入巷头半楼上，小门宽二尺三寸，高二尺八寸，门下斗比砖坪高一寸。

后落厅后寿堂中墙半柱，下砌三层砖，上放门，两边寿堂门宽二尺八寸，高七尺二寸，门上做门头堵。寿堂中堵做到双边寿堂门顶齐高，上格空一尺左右做一条一尺二寸五六分高的楣，椽底“引仔脚”[①]三寸左右。

厅钉桷仔二十四支，前后落厅中要钉两支合桷，即两支杉桷花纹杉目相对；中房钉桷十六支；边房九尺四五寸，可钉十六支，如九尺七八寸或一丈以上，可钉二十支桷。屋顶布瓦，后落厅中凸槽，内墙上也是凸槽。大六路古厝双燕尾脊。

七、小六路古厝

小六路古厝厅堂面阔可配一丈四尺二三寸，房面阔可配八尺八九寸或九尺一二寸，六路墙路每条一尺三寸，四间房间面阔共三丈六尺左右，总面阔五丈八尺一二寸。

厅堂进深可配一丈六尺二三寸，寿堂进深可配五尺二三寸，后墙一尺三寸，砛路四尺二三寸，后壁墙外至砛二丈七尺二三寸。

深井进深可配一丈二尺七八寸，前砛二尺八九寸。前厅进深一丈一尺二三寸，前大门墙一尺三寸，镜面凹寿一尺八九寸，前落进深三丈又一二寸。总进深五丈七尺四五寸。

按天父寸白，后落中脊内高可配一丈六尺八九寸，后桷山面高可配一丈二尺五六寸，前檐面高一丈二尺七八寸；前厅中脊内高可配一丈二尺七八寸，内檐面高可配一丈又六七寸，凹寿檐面高可配一丈又二三寸，东厅檐面和前厅檐面同高，俗称“和钱”[②]；小六路古厝前后落边房中脊内高可低于前后厅堂中脊内高六寸。

后寿堂放石柱础，做寿堂门，门下砌砖三层，砖上放寿堂门下服。寿堂中堵七尺一寸左右，中堵杉木裙堵高四尺二寸，上放中服。中服上再嵌杉木板到寿堂门高七尺二寸，做门斗，上做门头堵，到上服大约一尺一寸

① 引仔脚（yìn ā kā）:附在椽下的方形长杉木。

② 和钱（hǒ jní）:成直角的屋檐，檐面同高。

左右，隔缝一尺二三寸左右，出杉木栱，放上一条杉木楣一尺二寸五六，放空再出杉木栱，四架椽仔下做引仔三寸五分。

厅堂虎口柱用杉柱或砖柱，杉柱下必置石柱础，上出双层栱斗，虎口柱之间寿梁。

东厅退砱六寸留子孙巷，砌东厅墙。东厅前后角（猪母巷）竖四尺二寸高，六寸方石柱上接杉木柱到横通底。东厅深井面墙退丁一尺，做小砱九寸。深井东厅墙砌颜紫砖到窗底，高四尺二寸，身堵做杉木上下服。下服置颜紫砖上，上服到横通底，身堵中放窗宽一尺六寸，高二尺三寸。窗双边做杉堵，至东厅砖坪檐底，安一支大梁出栱头。东厅门宽二尺三寸，高五尺九寸，门可用杉木门框。

六路东厅屋顶做砖坪，用颜紫砖砌古钱窗砖坪岸。砖坪岸高做到前六路房规带尾。水闸墙中放一个通向砖坪的小门，宽二尺三寸，高二尺一寸。

后落从后壁墙外至砱二丈七尺二寸，安巷头门压砱一寸。

山墙脊尾窗宽一尺六寸，高二尺三寸。后墙四间房和厅堂后放窗宽二尺三寸，高二尺八寸，窗盖出三层运料。寿堂后尾门宽二尺三寸，高五尺九寸。山墙下鸟踏长二丈五尺九寸，用五尺按在杉桷面，伸出后墙外墙面，出三层运料四寸，出五层运料七寸，鸟踏高一丈一尺三寸。

门口埕的寸白

大厝要在门口留有适当的位置，一般根据大厝周围面积大小而定，然后砌墙街，进行适当绿化，以使外观美丽堂皇。门口埕或大或小，都要按照既定方寸建筑。埕字一经步为四尺五寸，用单步，不用双步，其原则是“一步金龙最吉庆，二步口舌及朱雀，三步玉堂呈大吉，四步灾祸起瘟疫，五步贪狼金库秀，六步有路无人行，七步玉堂呈瑞气，八步横越多兵祸，九步兴旺家宅进”，依此类推。

受宅基地大小的限制，有些七架、九架古大厝，占地面阔足够，但进深不足。宅基地用于建后落和深井外，已无空余作门口，在这种情况下，只好

石条门口埕

图 3-13　照壁窗

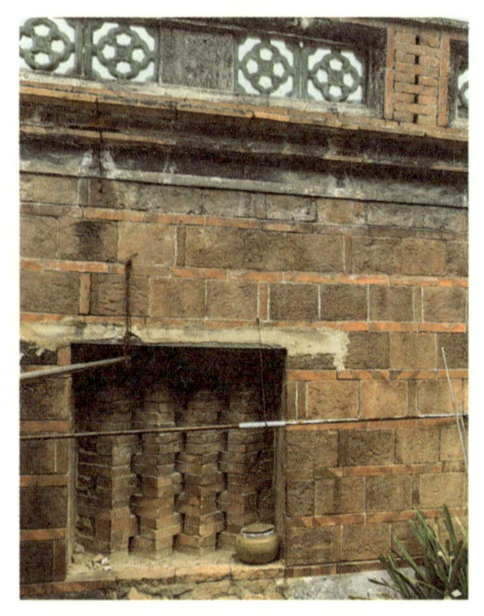

于深井前造墙街或照壁，在正中开窗，窗用颜紫砖砌成。这种砖窗极有特色，先于窗的边沿用两块颜紫砖按四十五度角叠砌，在砖上两头按“z”字形各叠砌两块颜紫砖，只留中间的小缝，窗户内三棱，人从窗外看只有四十五度角视角，看到深井两边几点绿色，看不到主厝厅堂，既通风又避免走光、冲煞。

大厝的龙边东厅位置改为过水，龙边巷头门改为窗，边堵墙另辟偏大门，偏大门照样也有凹寿，但气派小了很多，虎边东厅不变，照样也有巷头门。大厝前只留一条一人勉强通过的小巷，不强调装饰，偏大门的凹寿，装饰很有限。“假二落”也受占地进深的影响，深井前可以建凹寿，门口还有近一丈的进深，就仿造九架二落的架势作镜面水车堵。

翔安典型古厝的寸白

翔安古厝形制多样，各具特色。本节从营造时间、营造特色方面选取五座具有代表性的古厝详细叙说营造寸白，如马巷林芳德古厝和许厝许成功古厝均建于清康乾年间，是翔安现存年代较为久远的古厝；大棋盘厝、小棋盘厝在翔安已不多见。

一、马巷林芳德大六路双护厝古厝

林芳德大六路古厝坐落于马巷元威殿后面，马巷镇友民街六路巷三十五、三十六号，能以“六路”为巷名，可见古厝的规模非同一般。从元威殿南面巷道往西大约五十米，就到大六路古厝。近距离接触大六路古厝，觉得与耳闻的并不相称，感觉低矮的护龙屋檐似乎触手可及，似乎是超大范围以及周围现代建筑让人们产生错觉。进入大六路古厝门口埕大门，虽说已被现有的建筑物所占居，但面阔十一丈八尺，进深四丈一尺的门口

马巷大六路古厝全景（林芳德宅）

埕，铺满素平一尺来宽的平板石条，不禁令人肃然起敬，常规的大六路古厝能有如此大的门口埕，主人的财力也太雄厚了。大六路双边护龙，总面阔十一丈八尺，总进深十三丈二尺，建筑面积一千四百四十平方米，占地面积一千五百平方米。

大六路古厝始建于清康熙年间，由马家巷富绅林芳德所建。林芳德为儿子林中桂迎娶当朝宰相安溪李光地侄女，在马家巷三乡四角街特地兴建一座前、中、后三落，后落为两层楼阁的大厝（经数百年变迁，现仅存后落），名为“栖云楼”，现仍保留着康熙五十九年（1720年）安溪举人李鸿翔所书的“拱辰”“迎薰”廊道石栱门匾额题刻。据《马巷厅志》载：“林芳德，民安莲塘人，住马巷。雍正七年，由监生捐州同，以遵例急公，授儒林郎。”林芳德不是走科举的道路而获取功名，他“遵例急公，授儒林郎”。怎么“遵例急公”？《马巷厅志》又载：“林芳德捐职州同，尝捐百金重修梵天文公书院，倡改岳口理学名宦石坊。施棺十年费以千计。所居马家巷有通义庙，为朱子簿同时所题，芳德重新之，复于其后建杰阁，以祀朱子，计费五百余金。邑令张荃立碑记之。”回顾历史，林芳德“遵例急公”“施棺十年”，不仅仅局限于区区马家巷范围内，他还在同安县城倡复义学，乐善好施。可以想象，林芳德的大六路古厝和栖云楼，在康乾盛世时是有何等影响力。现在看到的是三百年左右的大六路古厝，历经风霜雨露的洗礼，虽然不断颓废，但仍气势磅礴、金碧辉煌，堪称翔安历时最久，单座规模最大，保护较完善的古大厝。

大六路古厝，主厝镜面中间双凹寿，大门两侧一对青斗石门枕光滑透亮，正面团鹤，侧面双牧马高浮雕栩栩如生，印章体凹寿角柱青斗石石柱础以及裙堵下的柜台脚也精雕细刻，动植物形象生动，花鸟鱼虫跃然欲出。两踏台阶就可进入前落大厅，三川门已不是旧物，据说精致的木雕三川门和大厝内各处极具艺术价值的木雕，凡人手可及，已在不同时期破坏殆尽。从旁门走进前落檐廊，面对的是宽敞的前落深井和墙街，这是大六路古厝

林芳德宅镜面

林芳德宅大门

神秘的方面。用墙街把深井分隔成前后两个部分，平时只能从深井两侧四条过水檐廊进入后落大厅堂，只有重要人物到访时才打开墙街大门，这更凸显主人的社会身份之高和后落大厅的庄严。迈进墙街大门，后落的景观又是另一番景象，毫不保留地展现在你的眼前。后落深井更深，即使双边过水檐廊有新增现代的建筑，也不失当时迹象。走上深井矸踏，粗大宽长的浅黄色大石矸长一丈九尺六寸，宽二尺，厚七寸，就是两端矸头的长，也有一丈又七寸。简直不敢想象，在交通运输不发达的情况下，如此笨重的石材如何从产区运到这里，真是非同寻常。出步步柱和后落厅堂两边的三对屋架杉木柱，虽然包漆脱落，杉柱直径也有三十厘米左右。五架坐梁点金柱三通四瓜七椽，托木、束尾、鸡舌等精细木雕点缀其间。梁架上杉木雕花装饰灰黑暗淡，也掩盖不了艺术价值。走进后寿堂偏门，堂面也很宽阔，大厝后房就从这里进出，还有通向后界的大门。

大厝的厢房与步柱之间有木屏风和房门的痕迹，是厢房前的私密活动空间，厢房与后落厅堂和后房之间墙壁下均为九寸高、三寸厚素平板条石，条石上置杉木下服，门槛总高一尺二寸，板堵木框宽四寸，菅蓁夹墙[①]，除个别破损严重，灰白的蚝壳灰墙依然平整。

① 菅蓁夹墙（gunā jīn giàm qniú）:墙体以菅杆编织而成，外抹蚝壳灰。

厢房与边房之间是宽近四十厘米的墙堵，通过金黄色的油光石门槛进入边房，边房正面与厢房没有太多的差别，只是面阔一丈二寸的房间，令人觉得非常宽阔，“房间宽不过丈”的说法，在这里找不出依据。边房前小深井面阔七尺九寸，进深一丈三尺，足够的深度让人觉得应该是一个小鱼池。主厝后落左右各有一大一小的两条过水檐廊通向前落。

走出后落边房巷门，通过中间过水，就到大六路古厝左右护龙。护龙厝规模也不小，从前后护龙外门进入过水廊道，前后两房一厅的护龙面阔进深不亚于一般古厝，中间夹一间不小的房间。上下两个狭长的深井，左右护龙深井各挖一口水井，生活配套一应俱全。前护龙深井还有通向前落檐廊的巷门，在前落边房前组成四通八达的小花园。

大六路古厝硬山顶，双燕尾脊，屋面覆瓦后落三十五列，前落三十四列，边房十列，护龙是稍矮的马鞍脊。

大六路边房外墙下面三层三尺三寸来高的条板石封砌，石上以长一尺、宽七寸半的红砖作斗子砌，每块甓砖四周颜紫砖长七寸半，厚二寸，这种斗子有别于以后的三块一组甓砖的斗子砌，两层尺二砖上的山墙用长九尺二寸、宽五寸的红砖斗子砌。规带出五层运料，也与清末民初的用料不同，二层运料不用窑口粗砖，而是采用半圆形筒瓦，筒瓦外抹蚝壳灰，形成自然的弧度。山尖八块鱼鳞纹下是圆形的泥塑浮雕和下面的鱼尾，浮雕已脱落，模糊不清，总体脊坠装饰较为简单。大厝前后水车堵上的五层运料，则以尺二和颜紫砖叠砌，也许年月已久，不见二层的彩绘。

规模宏大的大六路古厝，在丰厚的地平石上，主厝外墙封砌三层，护龙外墙封砌二层宽一尺的长板石条，石条竖缝之间有类似于红砖斗子砌的抠角石确，上面直接红砖斗子砌。护龙每个房间，除面向大厝的墙壁上是底下一米来高的杉木双层夹板，上面菅蓁抹面灰墙外，其余三面都是一尺三寸的厚实墙体，可谓真正起到“护龙”的作用。

后落、前落的厢房和边房，留有八个“七只六空”石窗，两侧护龙只在左前护龙厅堂左角留一“五只四空”小石窗，这也是双边护龙唯一的小窗。主厝镜面檐下、双边护龙鸟踏上水车堵，主厝后桷山下水车堵，虽无华丽装饰，也实属罕见。后桷山下水车堵，在翔安地区也许仅此一例。大

林芳德宅前落深井

六路古厝充分利用建筑三元素——红料、石料、木料，大量的杉木和石材在使用前都经过深加工，不轻易放过任何一个细节，使得古厝整体结构严整、奢华瑰丽。

大六路古厝既有后落大厅堂主持正事的大天地，又有各自相对独立自主的小空间，严谨的结构布局，合理的空间运用，强烈的防范意识，便利的生活起居，无不体现出主人苦心经营的智慧。

林芳德大六路古厝，在古代寸白应用上特别讲究，这不是巧合，是经过深思熟悉的。不乏工匠们处处为主人着想，精心为主人营造的热忱。

后落厅堂面阔一丈九尺二寸，房面阔一丈又七寸，边房面阔一丈二尺三寸。四条一尺三寸墙路，两条三寸营蓁墙，六路墙五尺八寸。主厝面阔七丈一尺。

后落厅堂进深一丈八尺九寸，后寿堂进深一丈一尺。虎口柱柱心与步柱柱心进深六尺，砱路进深四尺四寸，后壁墙墙路厚一尺三寸，后寿堂墙路三寸，后落进深四丈一尺八寸。寿堂偏门宽二尺六寸，门下素平石条和杉木门下服总高一尺三寸。寿堂后大门宽四尺二寸，高七尺二寸。大砱长一丈九尺六寸，宽二尺，厚七寸；砱头长一丈又七寸。

深井被墙街隔分为前后两处，后深井进深一丈三尺八寸，墙街厚一尺三寸，前深井七尺八寸，深井总进深二丈二尺九寸。深井墙街大门宽五尺二寸，户碇高七寸。

前落厅堂进深一丈四尺八寸。前落砱路三尺七寸。凹寿进深三尺七寸，双凹寿进深共六尺七寸。前落进深二丈六尺五寸。前落边房杉木墙路退四尺四寸。大门宽四尺二寸。凹寿偏门宽二尺一寸，高九尺二寸。

后落厅堂内高二丈又二寸，后桷山退运料高一丈一尺二三寸，前檐面高一丈一尺五寸。边房后桷山高一丈又七寸。

厢房、边房、巷头门宽三尺一寸，后房门宽二尺三寸。

前护龙厅面阔一丈三尺六寸，右房面阔一丈二尺八寸，左房面阔一丈二尺三寸；后护龙厅面阔一丈五尺，右房面阔一丈二尺六寸，左房面阔一丈又七寸；中间小房面阔九尺一寸。

护龙厅堂进深一丈又七寸，深井进深九尺，砱路长二尺七寸，砱宽一尺二寸。护龙进深二丈四尺。护龙中脊内高一丈一尺六寸，后桷山九尺四寸。护龙前后外门宽二尺七寸，高七尺。

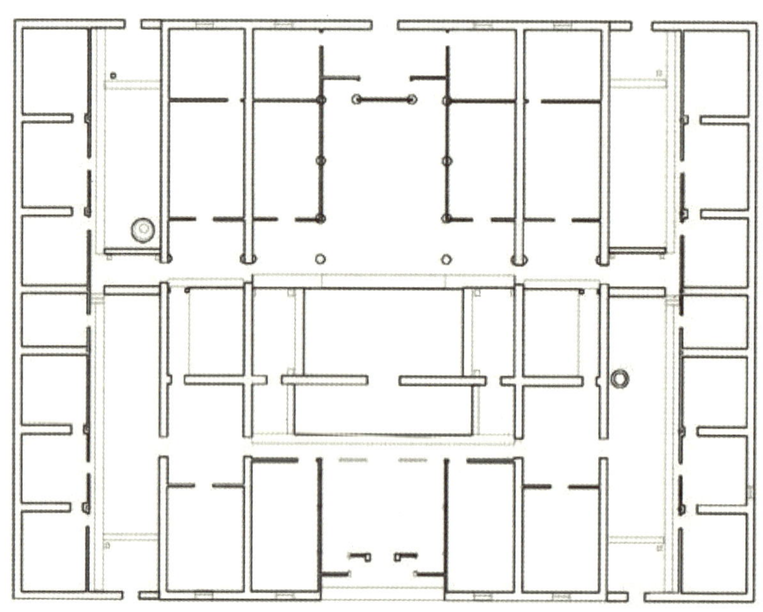

图 3-15　马巷林芳德大六路双边护龙古厝结构图

林芳德宅后深井

林芳德宅前厅门堵

林芳德宅大厅

林芳德宅石柱础

门口埕由凹寿降一尺三寸，面阔与大六路古厝总面阔相同，进深九经步四丈一尺二寸，三面墙街，靠厝身左右偏大门，正中门口埕院门，埕前院门五尺二寸，高八尺。

大六路古厝总面阔十一丈八尺左右，总进深十三丈二尺左右。

深井过水檐廊面阔七尺六寸，方形石柱础，上接方形杉木柱，靠墙半

林芳德宅石砧

林芳德宅笼扇

柱，出栱挑檐；边房四柱过水檐廊面阔三尺四寸，方形石柱础，方形杉木柱，靠墙半柱础，半木柱，比深井过水小，出栱挑檐，出檐一尺二寸，墙街处砖砌圆拱门宽二尺三寸，通向前落边房。护龙前过水面阔八尺，后过水九尺五寸，中间大厝巷头门过水七尺，圆形石柱础上接圆杉柱，出栱挑檐。护龙的墙角都为圆柱石柱础，上承杉木圆柱，出栱挑檐。前后护龙之间两级台阶。右后护龙深井西南角有水井一口，三合土井栏上盖圆形石盘，石盘靠深井角处凿一孔一尺二寸直径的圆孔，作为汲水出水口。左前护龙深井有无井栏、井盖水井一口。

林芳德古厝是厦门少见的“六路大厝”，精美绝伦。前几年，林氏后人对后落大厅地面进行维修时，无意中挖出一座地下太极八卦玄机图，这在翔安乃至闽南红砖建筑中都是极为罕见的。

玄机图

二、许厝许成功十一架出步双边、单边护龙建筑群

翔安区内厝镇许厝村许厝自然村东南角隐藏着一处古大厝群落，以大厝前红色砖埕，故名“砖仔埕”。“砖仔埕”共有六座大厝，分两列，

每列前中后三座。北列后两座十一架出步双边护龙，北列前座和南列三座十一架出步虎边单边护龙。

走进“砖仔埕”，无人不为如此壮观的古大厝村落惊叹。六座大厝以北列后两座保存最完整，可惜北列前座后落屋顶已塌。北列后座是大厝主人许成功所居住，穿斗式、抬梁式混合梁架，硬山顶，燕尾脊，镜面四幅砖雕极为精美。后落大厅两侧点金柱之间镶嵌精致古钱纹饰笼扇，上堵已被凿去，灯梁花座也已不见。五架坐梁点金柱三柱三通四瓜七椽，托木、束尾、鸡舌和前落三架抬梁式两瓜三椽，杉料厚实，雕刻朴素。后落中脊柱高约一丈八尺六寸，横通方整，瓜柱不加过分装饰，也无多少束草。前后落厅堂两侧，墙裙是内外双层杉木夹板，五六寸宽的杉框上，菅蓁墙堵灰黑墙面如水墨山水画。北列中座为许成功严父怡然有乐之居，似乎也是六座大厝的家庙，古厝形制与后座相同，大厝中至今有人居住，保护较好，也做过局部重修。右侧榉头改为现代七寸条石，左侧榉头如果拆掉增建的墙路，仍能恢复榉头檐廊的旧观，边长一尺左右的方形青斗石石柱础，层层起线，整体富有变化。后

鸟瞰“砖仔埕”

成排的许成功古厝群

许厝许成功古厝群

落柱间笼扇保护较完整。螃蟹与三朵荷花漆金圆雕灯梁花座，形象生动逼真，金光闪闪，寓意富贵双全、富甲天下；螃蟹又有横行霸道之状，俗语说“人无横财不富”，蟹螯执金笔更蕴含主人盼望子孙后代金榜题名、科甲联登之意，这一点就体现主人高远的从儒抱负。

许成功古厝前落笼扇

前落三川门被拆下另作他用，三川门上回纹、古钱纹通透笼扇。前落镜面长檐廊对向堵四葫芦砖纹组砌，是葫芦与古钱纹的组合。镜面中堵墙青斗石“寿”字青石柱础浅浮雕，石柱础上方形石柱上接方形杉木柱。檐廊内角螭虎纹浅浮雕石柱础线条柔和。六座古厝因年代久远，水车堵泥塑，壁上彩绘已不复存在。山墙下鸟踏上的规尾窗上又增出一条短鸟踏，山墙两条鸟踏也只能在这六座古厝中见到。

据主人介绍，现后落厅堂塌陷的东北角十一架单边护龙是许成功最早

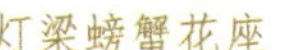

灯梁螃蟹花座

前落三柱二通二瓜五椽

营造的大厝，许成功建这座大厝以后，赚到大钱，准备再营造五座十一架出步双边护、单边护大厝，请来风水先生，认为大厝群落应整体向南偏移，塌陷的十一架古厝似乎也就近距离地游离于大厝群整体结构，造成“塞巷”①。表面上似乎六座古厝的形制完全相同，仔细深入调查，古厝可分为三组，北列后两座是主人和其父所居，双边护龙，整体级别最高，主厝正面宽敞檐廊面阔三丈九尺六寸，后座长檐廊四幅细纹松鹤、飞燕、瓶花等砖雕手法干练、线条细密、纹理清晰，前座长檐廊万字斜纹颜紫砖；南面后两座，主厝镜面长檐廊，单边护龙，装饰朴素，护龙进深三丈三寸九尺，比双边护龙进深多四尺六寸；南北前面两座镜面凹寿檐廊，表面上看显得不如其他四座门面宽阔，实际面阔、进深与后面单边护龙是一样的。双边护龙，护龙前为宽敞的护龙厅，护龙厅上横向双脊椽，卷棚顶，人字形屋架，屋面马鞍脊造于两条中脊椽之间，后面一列房间为纵向马鞍脊，檐杆挂漏。厅后配置一间小房，从护龙厅后靠主厝的门进入护龙深井，一条墙街把护龙隔开，从圆拱门进入后护龙，一列三间房屋面向深井，前有砛路。护龙后墙用窗极少，仅在许成功居所左边后护龙留三个窗底两米多高的小窗。其父居所左边前护龙留有较宽的后门，据说左边护龙原有古井一口，所留后大门为染布、洗布的通道。单边护龙内部结构有别于双边护龙，前中后三个规模不小的过水，南面一列护龙房，后护龙两房一厅，开嘴厅。

最有价值的是六座古厝内大量的大小木作，大木作用料粗大，杉木结

① 塞巷（tàd hǎng）：整齐成列的古厝巷道是通透的，由于个别古厝改变位置，造成巷道阻塞，不利通风排水。

六角石柱础

寿字纹石柱础

实，是名副其实的“福杉”；小木作做工精细，主要呈现在厅堂两侧的笼扇上，各种不同几何图形的精巧组合，使得古厝内小木作装饰千变万化，寓意深远。

从古大厝的内部结构看，这六座大厝的营造时间应该不晚于清乾隆早期。前后落大厅抬梁式结构和马巷林芳德大六路古厝是一样的风格，所不同的是，林芳德大六路古厝屋面不敢用一列筒瓦，而许成功六座十一架出步古厝屋顶清一色用红色筒瓦，乾隆时期，如此大胆的做法实在令人难以置信。据说许成功获得皇帝的恩赐，皇帝本想让他到朝廷做官，但许成功委婉推辞，托言回乡为父亲营造大厝，皇帝也就准许他盖“皇宫起”。传说归传说，许成功获得皇帝的赏识，但《马巷厅志》中查无记载，同时期的林芳德，却有几处简要事略。一无功名，二无荐辟，连乡饮宾都不是，许成功光靠一把锄头能刨出六座大厝，也真匪夷所思。

古厝营建要用大量木料，这也有来历。据传许成功勤劳致富，估计手中积蓄已够营造一座大厝。一天，他身穿破棉袄，带上银两，匆匆上路，准备到晋江安海杉行采购杉木，路上内急，顺手解下装满银两的腰带挂在路边的树头上，方便后急于上路，他竟忘了系上腰带，发现失金后，一路急匆匆赶回，所幸还在。据说路上行人看到树头上挂着的不是银两，而是一条大蛇，显然，许成功是有富气的。

许成功庆幸地来到杉行，杉行老板看着一身装扮破烂的许成功，打心底里就瞧不起，以为能买几根杉木？老板在海边沙滩上用树枝划出外围的几根杉木说，带够银两的话，这处杉木就是你的了。看着够建一座大厝的

对看堵拼花砖雕

砖雕

砖雕

杉木，许成功解开破袄和袋子，把银两堆在老板的桌上。老板一看，觉得确实也足够买下那些杉木，也就一诺千金。

许成功运完沙滩上的杉木，不经意往沙里一挖，竟然发现海沙下面全是杉木，老板看着干着急也没办法。原来建房的杉木都是从深山老林里采伐而来，沿江顺水放下来，集中在海滩上。杉行经营太久了，那范围内的杉木到底有多少，老板心中也没个数。不过，老板也是个讲信用的人，所谓一言出口，驷马难追。杉木连续好几天都没运完，许成功用这批杉木建了六座大厝，把余下的杉木捐给村里建祠堂。

许厝有一俗语，“溪深出富翁，溪浅种田公”，深深的九溪水让许成功把一船船的杉木运到许厝村口，省了许多人力物力，营造了如此完美的古厝群落。就是当今社会，虽有万贯缠身，想建这样一座大厝，又谈何容易。

以北列中座十一架出步古厝双边护龙为例，后落厅堂面阔一丈六尺六寸，房面阔九尺七寸，二路墙二尺六寸，总面阔三丈九尺六寸。

后落厅堂进深一丈八尺七寸，后寿堂进深一丈一尺六寸，后墙一尺三寸，步柱至虎口柱四尺一寸，砛路三尺七寸，后落后壁墙外至砛总进深三丈九尺七寸。

深井两边榉头檐廊面阔六尺七寸，榉头退丁二尺四寸。深井包括子孙巷六寸在内，深井进深一丈四尺八寸。深井面阔二丈一尺五寸。

前砛路三尺三寸，前厅进深一丈一尺，前大门墙一尺三寸，主厝正面檐廊进深三尺九寸，面阔三丈三尺九寸。前落总深一丈九尺八寸。

前后落总进深七丈四尺三寸。

后落中脊内高一丈八尺，中脊椽头径九寸,尾径一尺。五架三柱底层大通内高一丈一尺，大通、二通之间一尺四寸。中柱承挑中脊，四支方形瓜筒。寿梁高一丈二寸。

后桷山高一丈二尺二寸，前檐一丈二尺五寸。

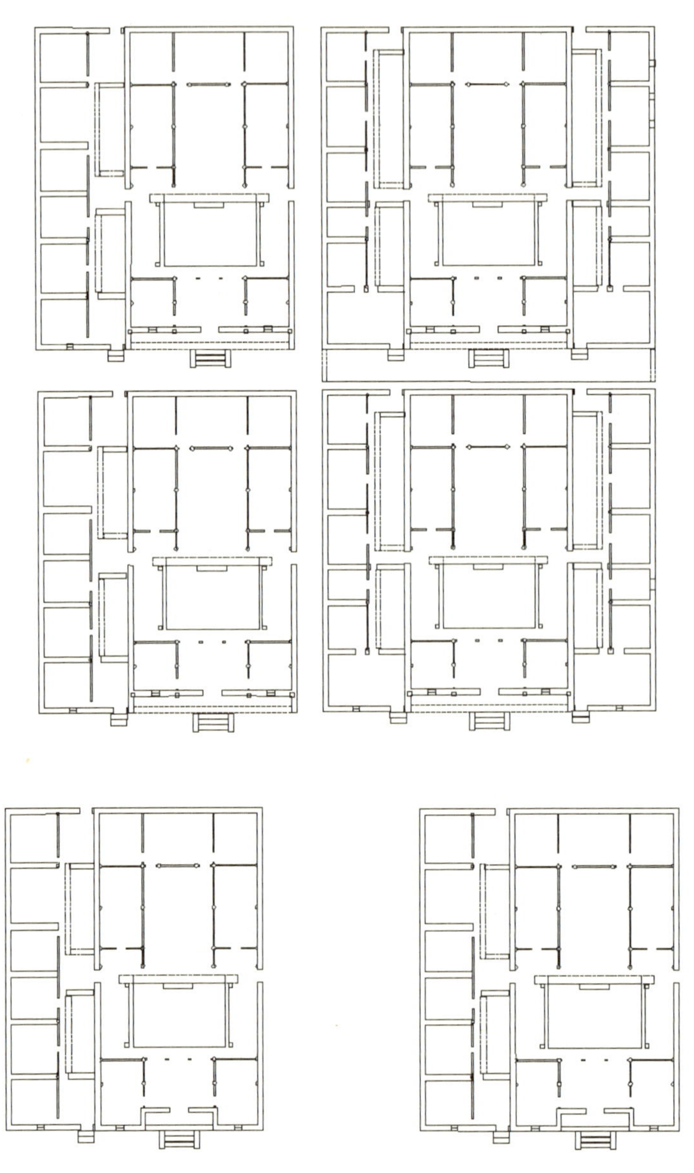

图 3-15　许成功十一架出步护龙古厝群结构图

前落凹寿檐面高一丈一尺二寸。凹寿中路墙石柱础高八寸七分，上面方形石柱，高五尺一寸，宽六寸七分。埕面降二尺五寸，角牌石高二尺七寸，宽一尺七寸，角牌柱厚一尺，对向堵实内二尺五寸。

榉头廊中脊降后落檐面一尺，檐面与前落檐面同高。

外大门高七尺八寸，宽四尺三寸七分。巷头门高六尺六寸，宽二尺八寸。后壁墙房窗一个高二尺八寸，宽二尺三寸。规尾窗高二尺三寸，宽一尺六寸，窗上短鸟踏。

前护龙厅面阔一丈七尺八寸，进深一丈一尺九寸，护龙房面阔九尺，进深一丈。护龙深井进深五尺五寸，砛路二尺五寸。护龙厅双脊椽，椽底内高一丈一尺七寸。

随着历史的烟云消散，人们会淡忘这里发生过的故事，但百年红砖古厝群给世人以无限的回味。看完六座十一架古大厝，不禁让人产生诸多联想，六座古厝营造多长时间？主人该花费多少心力？除自己居住外，其他四座由谁管理，南面一列前座为什么灯梁闲置于梁枋之上。一座古厝一个故事，所幸古厝至今仍有人居住，保管也还妥善，后代主人也在为修复古厝而不遗余力，这多少让人欣慰。遗憾的是，经历了三百多个春秋，因屋漏造成雨水对椽柱的侵蚀，木、红料的自然风化、老化脱落，六座十一架古厝渐渐苍白衰老。现代的增建不仅不能为古厝增辉，反而画蛇添足，着实令人惋惜。

三、棋盘厝

马巷街道内垵社区的大棋盘和黎安社区田边里的小棋盘古厝是翔安棋盘类古厝较为典型的代表。翔安棋盘古厝一般修建于明清时期，直到如今，翔安的一百多个乡村聚落里，仍然以棋盘厝来命名某一聚落，只是有型的建筑已不多见，所能看到的只是遗址，因此马巷内垵和田边两种类型的棋盘古厝也更有代表性。同样是棋盘古厝，虽说都是四合院结构，但整体布局各不相同，大、小棋盘古厝，除镜面大门外，内部与外界的沟通联系通道差别很大。田边小棋盘古厝虽然规模不大，但符合传统的棋盘式结构，两条纵向的廊道通向占地较小的后落厅堂两边，这种形制的棋盘古厝适合兄弟俩各居左右一侧；内垵大棋盘古厝则另辟蹊径，古厝后落处于与外界

相对隔绝的隐蔽空间，两条纵向的廊道改为横向布局，大厝内同样有四个厅堂与四间房间，但早晚时前落劳作的声响不会影响后落的幽静，做到内外有别，动静结合，更适合于为学子求取功名而营造出“两耳不闻窗外事，潜心苦读圣贤书”的环境，难怪几百年前这里能出文官。

内垵村大棋盘古厝坐东向西。前厅面阔一丈三尺五六寸，房面阔一丈四尺一二寸，四条墙五尺二寸，前落总面阔四丈七尺二寸。后落与前落面阔几乎相同，面阔可多一寸左右。

前厅进深一丈三尺一二寸，前厅三川门，做杉木墙堵，双边墙柱，前落巷廊砛路三尺八寸。深井一丈三尺五六寸。后落厅堂进深可配一丈四尺一二寸，后巷路砛路三尺八寸，前后落总进深五丈一尺一二寸。

前落镜面墙平面，外大门宽四尺二寸，高七尺二寸。双边房上圆规头，半脊。深井双边过水廊退丁一尺三寸，石砛二尺四五寸。过水两角放置方形石柱础，人称柱珠，上接方形杉木柱，柱上出双层栱，下面短栱承枯斗，上撑长栱。过水内上做杉通屋架，竖瓜筒支撑中脊、二付、三付椽。前后房门向前后巷廊，房门相向，房门压过水砛面一寸。

厅堂中脊内高一丈四尺五六寸，后桷山高一丈一尺二三寸，深井内檐内高一丈一尺四五寸。前后砛路左右各有巷头门。左右前房镜面堵与后房

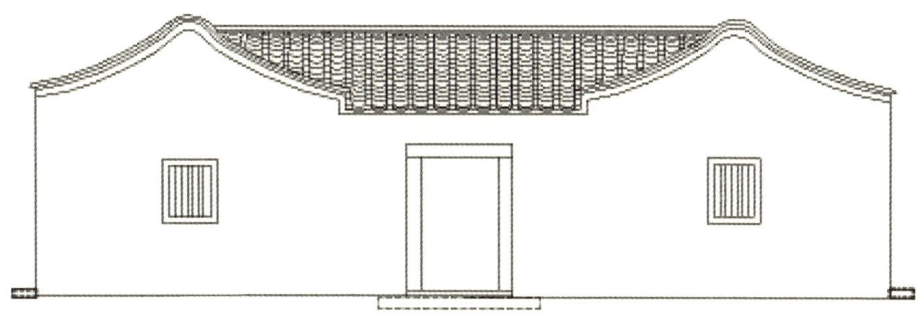

图 3-16　马巷内垵大棋盘古厝正面示意图

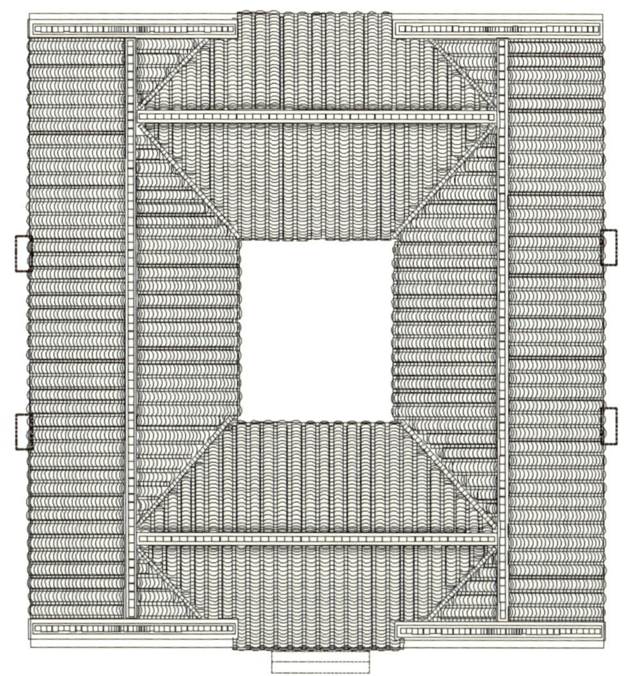

图 3-17　大棋盘厝屋面布瓦示意图

后壁墙各放一个窗，后落厅堂左右各放一个窗。屋顶向深井坡面四条挂漏，前厅前坡面和后厅后坡面与房间屋顶也各有两条挂漏，共有八条挂漏。

田边村小棋盘古厝，厅堂面阔一丈三尺一寸，房面阔八尺四寸，四条墙五尺二寸，总面阔二丈五尺一二寸。纵向砖路面阔三尺五寸。面阔前、后落相同。

前、后落厅堂进深一丈三尺四寸，深井进深一丈五尺七寸，面阔九尺七寸；前后墙二尺六寸，总进深四丈六尺一二寸。

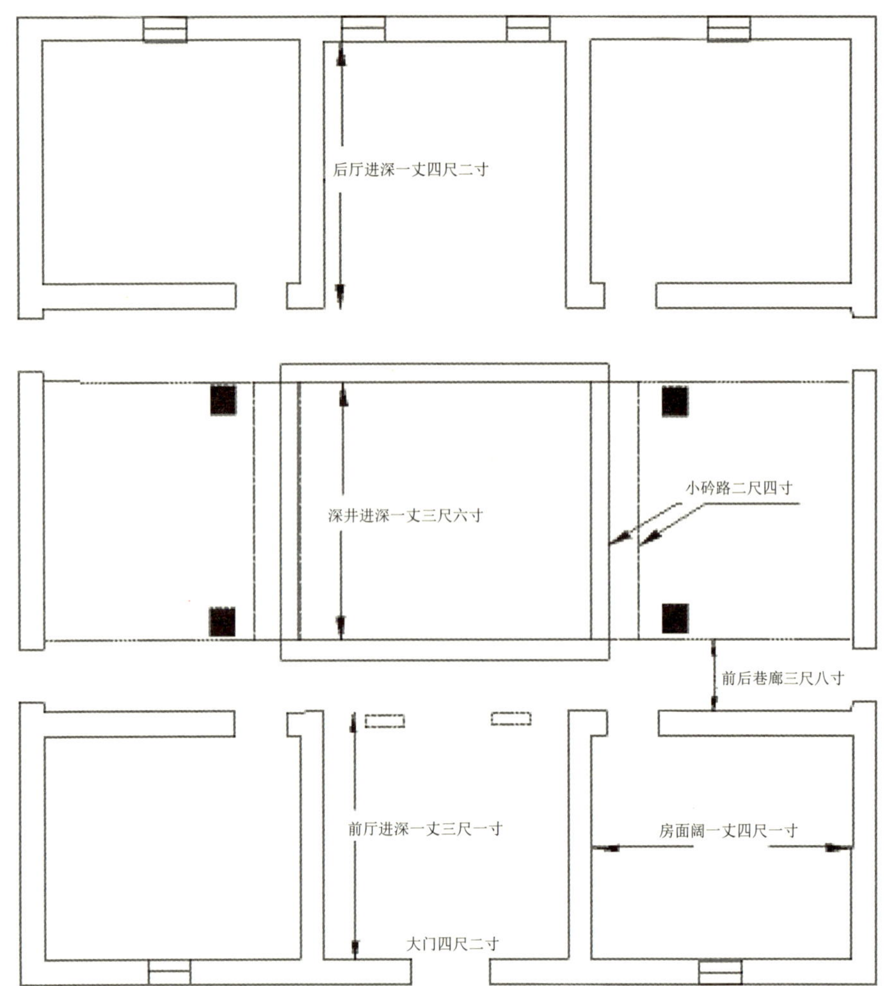

图 3-18　马巷内垵大棋盘古厝平面寸白示意图

后厅进深八尺四寸，前、后厅堂小矽九寸，距石矽一尺五寸，置石柱础，留子孙巷四寸。石柱础六寸圆径，上竖杉木圆柱到椽底，圆柱出栱，栱承斗上栱支撑屋檐，前后、左右内侧屋檐于深井上方成檐杆挂漏，汇水于深井之中。

两侧纵向中厅中脊内高一丈四尺一二寸，后桷山高一丈一尺二三寸，檐面上高一丈一尺三寸。后厅中脊内高一丈二尺九寸，后桷山高一丈一尺一寸；前厅中脊内高一丈二尺三寸，前檐面高一丈左右，

小棋盘古厝凹寿进深二尺八寸，大门高七尺二寸，宽四尺二寸。后厅中为土地公位，双边龙虎门宽二尺八寸，高六尺四寸。凹寿与镜面墙转角

棋盘厝大门

棋盘厝整体布局

砌颜紫砖柱至栱底八尺八寸，栱头高一尺三寸，至前檐底一丈又三寸。檐高五寸，前檐面高一丈又六寸。古厝外檐出三层运料，栱头出四寸进水。栱头上出镜面墙鸟踏一丈六尺九寸。鸟踏底高一丈又一寸。小棋盘古厝双边前后封规尾，出规带，造燕尾脊。前厅中脊上造小燕尾脊。

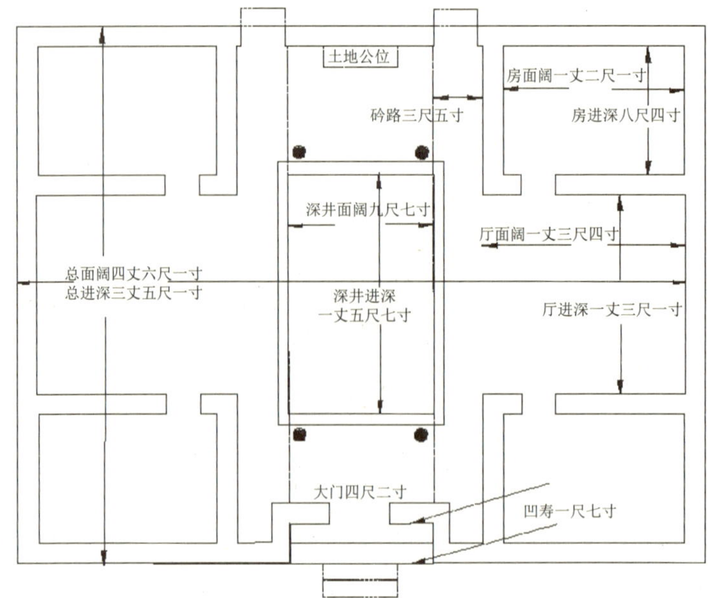

图 3-19　小棋盘古厝示意图

图 3-20　马巷小棋盘古厝正面图

四、曾厝陈思振、陈思管、陈思灵十一架出步古厝

翔安区内厝镇曾厝村是闽南著名侨乡，是古大厝集中的行政村。村中不计五架、七架古厝，光九架以上红砖红瓦古厝就有三四十座，以九架二落古厝最多，其中也有部分因受占地进深的影响，镜面建成“假二落”，不过在用料方面丝毫也不敢马虎，如陈期学、陈期信兄弟的古厝，后落厅堂上虽没有繁复的木雕花饰，但密桷杉木显得与众不同，一般古大厝厅堂两侧中路墙多用杂石砌成或三合土夯成，这座古厝中路墙的用料却很讲究，底下同样是红砖斗子砌，上面用的是长一尺二寸，宽八九寸，厚二寸余的粗大甓砖直砌到椽底。

曾厝村顶头“浯江衍派”、下头“南院分支”两座家庙和六座以上十一架出步大厝是这些古大厝的代表，其中最典型的是陈期盘、陈期杆兄弟和陈思振、陈思管、陈思灵兄弟的两座十一架出步古厝。

做工精致的燕尾脊

陈思振兄弟古厝位于曾厝自然村东南部，曾厝一百二十六号，建于清末。坐西朝东前后两落十一架出步大厝，大厝前门口埕，中间大门高八尺八寸，宽四尺二寸，檐廊，燕尾脊，院门凹寿面阔一丈又四寸，进深二尺六寸。墙街高四尺九寸，从主人的角度，不高的墙街可以让人从墙街外看到大厝整体精雕细琢的镜面；从风水的角度，又符合墙街不宜过高的要求。红甓门口埕七经步，进深二丈七尺六寸。前后落硬山顶，燕尾脊。脊堵两头螭虎纹饰，中间有“福、禄、祯、祥”方篆，下面养瓦堵用较小的“寿”字灰塑。厅堂上脊堵前后，镶嵌五颜六色“寿”字通透小瓷窗格。屋面两端布五列筒瓦，前落中间二十六槽红艳覆瓦，“笑槽中”。

走过院门，镜面石雕、砖雕，凹寿和对向堵上的绿色花纹釉面瓷砖，檐下装饰多层彩绘锦带，水车堵内立体彩绘泥塑、交趾陶与平面的彩绘互为映衬，令人惊艳。前落镜面墙有四块泉州白花瓶锦花高浮雕角牌石，角

篆书吉语装饰屋脊

牌石下是双狮戏球、麒麟花鸟浮雕牌座。柜台脚浅浮雕花纹线条流畅，两层素平细磨封石裙堵，上面錾砖腰带，身堵上青斗石窗框花纹细腻，两边装饰小巧的葫芦、梭形、菱形、圆形、半圆形、蝴蝶形及各种几何形錾砖拼贴。

凹寿的彩绘和进口瓷砖

厅前三川门仅余一扇双面见光的笼扇，中门石门槛留有装卸门扇的凹形槽道。进入深井，深井两边榉头，墙下是一行三组狮麟花鸟高浮雕，上面两层封石墙，总高三尺五寸，板石封墙上杉木身堵，身堵中间密格竖缝木棂窗户，墙堵上有石榴、寿桃、金瓜、佛手四个木雕花座，承挑榉头椽下托木。

步柱浮雕石柱础，尺径步柱高一丈二尺六寸，抬梁式梁架，梁高九尺二寸。后落大厅两侧，颜紫砖半厅柱，中间裙堵红砖斗子砌，高五尺六寸，俗称半厅红。寿堂上神龛雕花漆金，大厝里每个房门上都做门头堵，蓝色陶瓷格言名句，显得格外耀眼，凸显主人深厚的文化底蕴。

后落厅堂面阔一丈六尺四寸，房面阔九尺五寸，总面阔三丈一尺一寸。

后落厅堂进深一丈七尺三寸，后寿堂进深七尺五寸，神龛进深二尺七寸，虎口柱与步柱柱心距三尺八寸，矸路四尺四寸，后落进深三丈四尺六寸。后落厅堂中脊内高一丈七尺二寸，后桷山一丈一尺五寸，前檐内高一丈一尺三寸。

深井进深一丈四尺二寸，面阔一丈九尺一寸。后落矸长一丈七尺八寸，

浮雕角牌

宽一尺六寸，厚四寸七分，砛头长三尺，巷头半楼椽内高七尺五寸。深井降二踏，砛踏长七尺二寸，子孙巷六寸，双边榉头退丁二尺七寸，榉头砛宽九寸，砛路一尺五寸。

前厅进深一丈三尺，三川门，中门宽三尺七寸，高八尺一寸，中门两边固定屏风二尺二寸；侧门宽二尺七寸，高六尺七寸。三川门至前厅三付椽下内高一丈一尺三寸，前厅中脊内高一丈三尺九寸。前砛路三尺三寸。

凹寿进深三尺六寸，面阔一丈六尺四寸。凹寿砛一尺五寸五分。大门宽四尺二寸，高七尺三寸。前落进深二丈一尺四寸。总进深七丈又二寸。

巷头门宽二尺八寸，高七尺一寸；榉头门宽二尺三寸，高六尺四寸；寿堂门宽二尺八寸，高七尺一寸；前房门宽二尺八寸，高六尺六寸；前房窗宽一尺六寸，高二尺三寸。

镜面墙精美拼花与石窗

附属建筑富有个性的砖窗

第四章
翔安古厝的建筑材料

按开间和架构的不同，简陋与繁复的不同，一般与奢华的不同，翔安古厝可分多种类型。不同类型的古厝，建筑材料也不同。

草木料

早期，有些简单的一开间、二开间、三开间……七架以内古厝用的杉木较为低劣，更有一、二开间厝以毛竹、松木为椽仔，以毛竹片、松木片为桷仔，这与经济发达程度相关。门窗也以杉木薄片为之，仅门枢取材较为厚实。厝顶以稻草、茅草编成，有的在墙堵中夹入编成的菅蓁。土墼块、夯土墙的灰泥中会拌入剁碎的稻草，以增加整体材料的韧性。

椽仔

桷仔

优质福杉搭建的梁架

九架以上大厝一般为大户人家建造，木料以杉木为主，用杉木有较严的要求，特别是中脊椽，因为是大厝梁架的重中之重，都要优选成材的杉木。杉木也广泛用于通、梁、柱、栱等。大门板、辇子门厚二寸五以上，一般杉木难以符合要求。也有用樟木、楠木的，主要用于制作神龛、笼扇。

红料

翔安古厝使用的红料主要有砖、瓦、甓，因为本地所产不敷使用，多从外地运来。因产地不同，红料也分“山”“海”，山即从南安方向运来，海即从漳州运来。砖有颜紫砖、七寸砖、六寸砖、尺二砖、尺四砖、六角砖、窑口砖等不同的尺寸。有火候较够而质硬的，釉面色彩不同的、形式或大或小的砖块，自然就会有各种不同的砌法。火候较足而质硬的，如颜紫砖，一般多作堆叠式的平砌，用来砌筑转角收边的柱子；也作为石仔脚、大规壁或窗边的界限，这就叫“颜紫线”①。颜紫线装修多作一、三奇数行。七寸砖用以封砌斗子墙，称为“斗子砌”。以红砖、窑口砖、红甓、土墼为墙体②，厅堂腰线以下用七寸砖作斗子砌，称“半厅红”，这种做法常见于大厅两侧的墙裙堵上，与地面透红的尺二砖、尺四砖相映衬，使大厅整体雅观而不粗糙。

明清至民国，虽然翔安地产红砖瓦料价格便宜，但质地松软。翔安古厝建筑大量红砖来自漳州石码，当地商人以船送到大嶝、澳头、刘五店、塘厝港、下潭尾等码头，这种砖瓦红亮细腻，但因用船运，难免沾染海水的咸气，日久容易风化。新中国成立后，翔安各地也有自己的瓦窑，生产多种多样的红砖瓦。

---

① 颜紫线（ggǎn jì sunǎ）：用烟炙砖密缝叠砌成奇数行的砖线，其中带有錾砖砌，富有变化。

② 土墼：用来砌墙的材料，以田泥为主料，配以碎稻草、碎砖瓦以增加强度和韧性，经不断搅拌使其粘性达到一定程度，再以木质模具印制成型、风干。

红砖、红瓦作为翔安古厝主要的建筑材料由来已久，从马巷“曾山遗址”古建筑群使用的建筑材料看，翔安古厝使用红料的时间，最保守可追溯到宋代以前。遗址中随处可见红砖古厝遗存，可见红地砖、红瓦片、井道中的雕花红砖，均可见证红料在古民居中的大量使用，成为翔安考古发掘中不可多得的珍贵财富。古厝营造中，墙体组砌、屋面装饰、红料铺地等常用的红砖瓦就有十余种。

一、颜紫砖

烧制红砖用黏土印作砖坯，入窑时斜向堆码烧制，灰烬落在砖坯相叠漏空部位，即砖块厚度四方表面，熏炙出两三道色泽艳丽、自然形成、规格平整的紫褐色纹理，红褐相间，故称“烟炙砖”，翔安俗称“颜紫砖”“清水砖”。颜紫砖长七寸，宽四寸，厚一寸半，较现在普通墙砖略薄。

颜紫砖

颜紫砖砌墙

翔安民居外墙以颜紫砖为主要建筑材料，墙面封壁、门窗边框通常用颜紫砖线砌，墙体转角处和七架以下窗户用颜紫砖叠砌。颜紫砖介于尺二砖、尺四砖之间，作为五层运料出悬。

二、窑口砖

置于窑口火路上的砖坯，因过火而部分砖体畸形，表面粗糙，成为一窑中的次品砖，故称“窑口砖”，又称“火头砖”“粗砖”，多用于砌筑背面墙和内隔墙。窑口砖质地坚硬，翔安大小嶝岛沿海的民居、炮楼、岗哨都用这种窑口砖砌墙，以消咸气，抵挡海风的侵袭。

窑口砖

三、釉面砖

翔安一带称不易吸水的六寸、七寸壁砖为“釉面砖”，长七寸，宽三寸半，泥匠用其做斗子砌，可一块一斗、三块一斗，这样砌出来的砖壁别具一格。

釉面砖　　釉面砖砌墙

四、六角砖

砖体边长呈六角形，故称“六角砖”。六角砖的体积有大小之分，民居镜面墙采用小六角砖拼贴组砌。六角尺四砖用作大厝厅堂地板铺面。

六角砖

五、尺二砖、尺四砖

尺二砖，即规格为边长一尺二寸，厚半寸的正方形红砖。虽说尺二，实际边长一尺有余。还有一种边长一尺四寸、厚一寸的，称尺四砖，实际尺寸相当于尺二，尺二砖、尺四砖广泛用于厅堂、房间铺地，也用于鸟踏、运路、檐口出悬等。房宅中一袭墁地的红地砖，既吸潮又透气。

尺二砖、尺四砖　　尺二砖铺成的大厅地面

六、油标砖

油标砖即规格为长九寸，宽六寸，厚七分半的红砖。仅用于房间铺地。

七、瓦 当

屋宇瓦筒收头部位，用陶瓷盖板的瓦当封住，此圆形稍微凹入的盖板中雕有牡丹、团凤等传统纹样，是屋面瓦筒收头的装饰物。

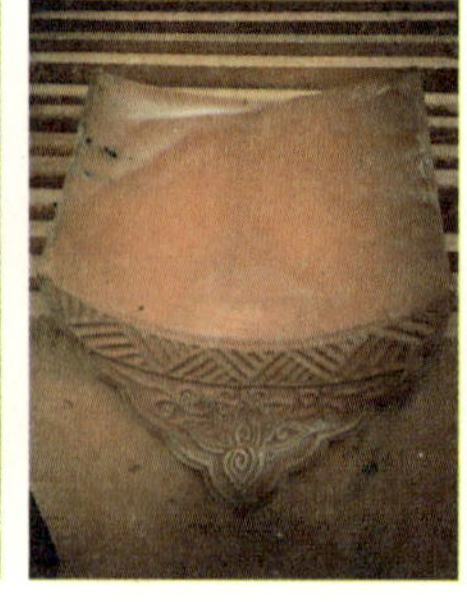

瓦当　　滴水　　瓦当和滴水

八、滴 水

屋顶笑瓦槽末端自出料流下雨水的三角形部位，三角形陶瓷瓦当板上雕有传统纹样。悬置滴水构件，可使瓦槽的雨水顺流直下。

九、瓦 筒

瓦筒是半圆柱形覆瓦，体形如竹节，有命官职位的人家或宗祠家庙的屋顶才可铺设，甚至要依官职大小而在屋顶规带边坡面的两端以奇数铺置三至九列，少数宗祠家庙整个屋顶坡面全部铺置瓦筒。

瓦筒　　瓦筒铺就的屋面

十、红 瓦

红瓦是笑瓦、覆瓦、养瓦的总称，也称板瓦。笑瓦与覆瓦的规格相同，都是边长八寸左右的正方形，厚两分，表面成弧形。一般以布瓦时不同铺设区别，圆心在上为笑瓦，圆心在下为覆瓦。笑瓦槽排雨水，覆瓦铺盖在两排笑瓦的仰边。养瓦的规格为长八寸，宽五寸，厚三分。养瓦没有弧度，平铺在杉桷上面，笑瓦和覆瓦下面。

板瓦

养瓦

红瓦屋面

十一、红甓

红甓是封墙、铺地的红砖构件，亦称“生甓”。其规格为长八寸，宽四寸、厚一寸，常用于墙体的脊梁上、规带、出料；铺地则用于深井、榉头廊道、门口埕等处。

当然，红料使用的场合不同，规格也不相同，上面列举常用的几种，营造中往往根据需求另选特别规格的红料，也有根据主人需求向窑场特别订制的。

红甓铺深井

古民居修缮

石料

“红砖、赤瓦、白基石”这句话形象又直接了当地描述出传统建筑的特点，指明最主要、最通用的物料。古厝的建筑材料，因用途不同、地理位置和环境不同，有丰富而多样的体系，不同宅屋营造使用的物料，有一定的差异，但主要为石料与红料配合其他建材进行施工。

富有特色的白基墙

因为翔安地处丘陵，地形多样，花岗岩资源丰富，民居建筑就地取材。山区有卵石、石确，海边有蚝堆石[①]，翔安本地产的麻岩石，含有大量铁质，日久天长氧化后呈金黄色。由于早期开采条件受限，本地开采的石确、条石、板石不足以供应规模较大的宗祠、寺庵与民居营建所需，部分地产麻岩石石质粗糙，也不适合进行各种精细雕琢；因此，质地好、洁白细腻的石材还需从泉州、惠安、晋江、南安等地区购运而来。从泉州和惠安运来的上等石料称为“泉州白”，色泽为灰白色，雕刻为功夫石，纹理清晰，质硬，不易风化。这种石构件一般用在柜台脚、角牌、砱石和地基到窗底的裙堵、腰线上，以多层砌法来砌墙。也可打成屐栱或雀替的构件。长方体薄板石板，称为“石条”，一般用作深井、石花椅或面积较小的花岗石板堵。

翔安石构建筑历史悠久，至今尚有众多古建筑物遗留民间，花岗岩石构件无处不在。例如位于大帽山，始建于唐代，由同安梵天寺僧无疑修建的寺庵；位于内厝小盈岭，始建于唐的盈岭古寺；位于小嶝岛，始建于宋

① 石确（jiǒ gàr）:凿成长方形的石块。蚝堆石(ǒ dū jiò):堆于海滩养蚝的扁平条石。

古厝晒农作物的砖坪

末的理学名士邱葵的“隐藏院”；位于新店狮山，始建于元的普陀岩庙；还有位于翔安一百多个村中，始建于明清的近百座宗祠、寺庵及几千座的民居古厝建筑，都大量使用石材。

清末民国初期，翔安人大批赶赴东南亚经商，一有成就，就返乡建筑中外结合，石材与砖木混用的住宅。石结构民居均以不规则的石确奠基，从门口石埕、柜台脚、石阶、高腰墙裙、条石墙体到厝内深井石埕、石制梁柱、墙柱、门及窗框、窗台、柱础、抱鼓石、栏杆，石材无处不在，既阴凉通风，又坚固耐用。近几十年来，翔安民居风格发生变化，早期实行单干户政策之后，各家各户新建的住宅多将前落屋顶改为平板模式，一般用本地长石板盖成，俗称“砖坪”“板坪”，用于晾晒农作物。同时，为征服自然，抗御台风和防止盐碱腐蚀，二十世纪六十年代起，翔安沿海居民建筑墙体多采用石构件，此类建筑可谓名副其实的石构建筑。因石结构民居抗震性能差，构件笨重，加工、运输过程均存在一定的困难和危险，二十一世纪以来，石料在民居建设中使用减少，逐渐淡出人们的视线。

清末民国初期，翔安七架以上古厝用石有三种：一种是本地产的淡黄色石确，主要用于奠基和砌墙；一种是泉州等地出产的，俗称“泉州白”，主要用于大厝大砱、柜台脚、石柱础、角牌、大门框、石窗；一种是青绿色的辉绿石，俗称“青斗石”，主要起点缀作用，一般用作大厝的门铛、镜面窗、抱鼓石。“泉州白”“青斗石”常精雕细琢成石构件。

翔安古厝建筑常用石构件有以下十二种。

位于墙体最下层的为台基石

一、台基石

台基石又称“地基石”，古厝奠基时，基石一般用两层石确，后以素平的花岗岩石板为地平石，地平石俗称“地牛石”。

地平石比台基宽出一寸，袒露的部分经过加工，作为台基的一道线雕。

二、石 砱

石砱依不同放置位置进行称呼。大厝身深井至正厅的屋檐下，置一踏步，安放在堵石上的长条大石板称“大砱”，即明间的石砱，一般分为三段，两头为砱头。前厅面向深井石砱，称“前砱”，也称“前石”。护龙旁的称“护龙砱”，凹寿旁的称“凹寿砱”“吞砱”。

后落大厅石砱

前厅石砱

凹寿砛

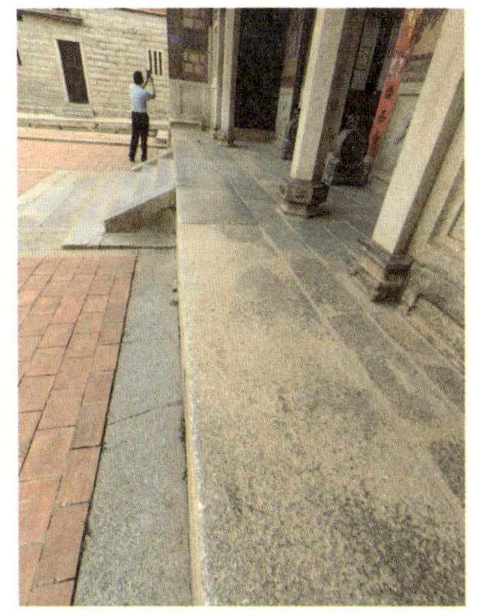

宗祠门口大砛石

三、户碇石

所谓的户碇石，即门槛石，是安装在门框下的素平或磨光起线条石，户碇石的长、宽、厚等尺寸视门的寸白而定，大门一般三尺六寸、四尺二寸，巷门、房门一般二尺三寸、二尺八寸。

户碇石

四、版堵石

宅第的墙裙版堵多指镜面墙与牌楼面的柜台石上，腰堵以下部分。墙裙版堵多以“泉州白”花岗岩石制作，典型的石作方法是，将每块仅选一

两层版堵石

深井版堵石

整版素平版堵石

面的石板，表面经过素平，成平板状，再经錾锤二錾、三錾，最精细的，加水磨光，四条边缘修平。版堵石不是方方正正的长方体，背面会倒角，以利泥浆咬合。版堵石砌墙裙一般砌三层，规格较高的砌两层，也可用于铺设深井。

五、脚踏石

脚踏石即后落石砛前和凹寿前的石阶梯，称“砛踏”，为门口埕进入凹寿，经过深井登上厅堂。石阶的边缘常雕刻枵子龙或其他花草纹。

脚踏石

六、石砧

石砧

石砧又称“门枕石”“乞丐椅”，即置于大门外门框底下的石墩，是支撑门扇转轴和稳固门扇开关的石构件。石砧旁有凹槽，用来固定木门限，即木制户碇。遇有节庆日，举办礼仪活动时，可卸下一尺来高的木制门限，进出前厅就不必抬脚。此构件一般只在家庙或富贵人家的宅第才有设施，如林芳德的大六路古厝。

七、石花椅

石花椅

石花椅置于深井临近榉头处，与石砱垂直，一般为双边对称，左右各安一座，上可养花怡情，下可置放陶瓮，用于腌制豆豉、咸菜等食品。生活困难的年代，也有利用其筑建鸡舍的。

八、石柱础

翔安春季湿度较大，古厝木柱极易滋生白蚁或害虫而遭腐蚀，残损的木立柱恐危及建筑安全，故室内步柱或外檐柱常于柱底设以石柱础，柱础上竖起线石柱或木柱，既起到美化居室的作用，又可消除潜在安全隐患。石柱础的造型常见的有圆形、方形、六边形等，以浮雕的形式雕刻花鸟鱼虫、历史人物或装饰纹样，成为室内较为显眼且最为重要的石雕。民居的柱子常用石头四面素平的方柱或圆柱，也有的用木柱，宗祠、寺庵的石柱，则惯用龙身缠柱、八仙柱或花草柱。

石柱

六角形石柱础

方形石柱础

圆形石柱础

九、石门窗

以石制作的外大门由门框与门楣构成，凹斗式大门门额常嵌有主人姓氏郡望的石雕匾额。门窗石材以“泉州白”“莲花白”“内厝白”为主，制作门框时，单扇门门柱留有插门梢，转轴凿有门臼。双开门双边上下门臼，上下门斗两端中间凿有装卸疏仔门的弧形凹槽和浅槽门限。大门一侧留有拱形的小门洞，称“狗孔”。“狗孔”多用石材雕成。

对外的窗户也以条石制成窗框与窗棂，主要有直棂竖向的条石窗、直棂雕成竹节状的竹节窗。

石门

下石门臼

大门石雕匾额

康乾时的七只六空石窗

上石门臼

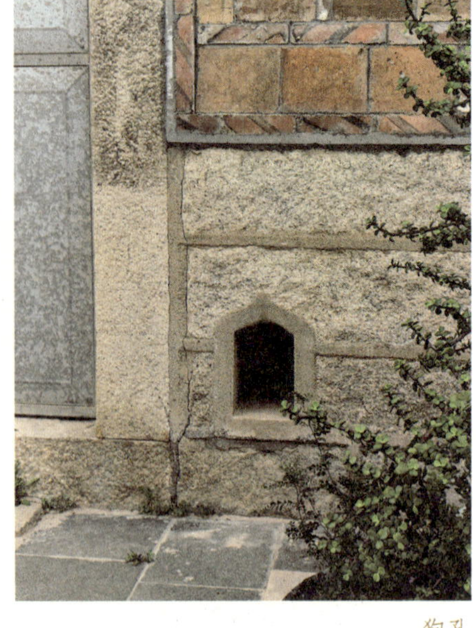

狗孔

十、垂带石

垂带石即高第凹寿前三级台阶两侧的垂石，部分建筑规格较高的民居或宗祠等均会使用，一般只经过素平。许成功六座十一架出步护龙古厝前就安装垂带石。

宗祠垂带石和台阶

许成功古厝垂带石

十一、柜台脚

柜台脚常见于镜面墙和凹寿，外观借鉴家具的做法，以石代木雕刻精细形体，犹如低矮的柜子。柜台石多见于家庙寺庵和大户人家，起辟邪作用，故在转角处雕作成两脚卷草形、兽脚状。

柜台脚

十二、抱鼓石

抱鼓石置于宗祠家庙、寺庵中门的门柱前方，它与门臼石用同一方石料凿出，起稳定门框，平衡门扇重量，防止门框摇动的作用。抱鼓石上部形状如鼓，石鼓侧面略呈虹面，使其外观饱满圆滑，一般只作浮雕，有各种花草，典型石作都有螺旋雕纹。

以石狮代替抱鼓石的雕作，多置于寺庵大门之前，石狮左为雄狮，脚踩绣球，口含珠或铜钱；右为母狮，双唇紧闭，足抱幼狮。其体态雕刻讲究向着中轴线对称，左右呼应。

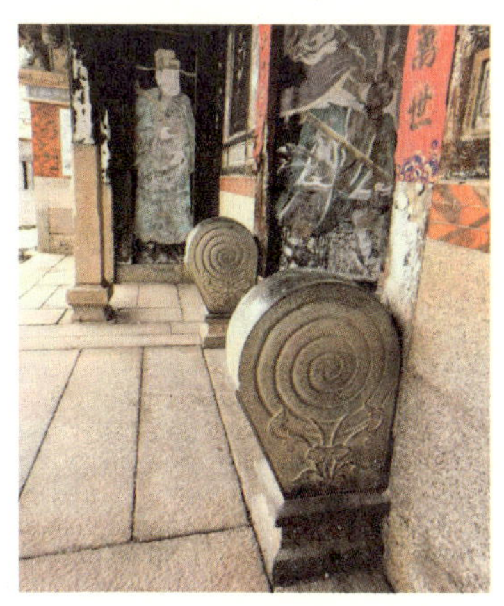

抱鼓石

沙灰料

一、溪 沙

翔安九溪盛产溪沙。溪沙晶莹洁白，沙粒大小均匀，含土量少，是大厝不可缺少的建筑材料，主要用于奠基、和泥砌墙。过筛的溪沙与蚝壳灰混合搅拌成泥状，用于填堵石缝，勾抹砖缝和抹墙面。

溪沙

二、红 土

红土色红、质地细腻，具有较强黏性，常与溪沙、蚝壳灰混合加水拌匀，用于填缝、铺砖、抹壁，也是三合土不可缺少的原材料。在水泥广泛应用之前，红土在古厝建筑中充当黏合剂，起到加固的作用。

红土

三、蚝壳灰

用翔安沿海地区出产的蚝壳，经火烧煅制，洒水搅拌化成灰，质地灰白，是翔安大厝外表装饰的重要黏结材料。与红土不同的是，蚝壳灰主要用于大厝合规造脊、铺砖黏瓦、勾缝抹墙等表面部位的精装修。另砌石确墙、土墼墙的泥浆加入蚝壳灰粉，可使墙体更加牢固。

海蛎壳

四、红毛灰

红毛灰是新中国成立前洋制水泥的俗称，翔安大厝上用得不多，由海外华侨带回施作，较为稀罕，主要用于部分中外合璧的建筑和泥塑。红毛灰也用于外墙面抹壁，通常混合碎蚝壳、碎玻璃，抹面稍干后，以清水冲洗去表面灰浆，留下灰白而粗糙的蚝壳墙面，加上点点绿色玻璃碎片，另有一番景象，别具一格。

红毛灰水洗石

红毛灰水洗石底泥塑

翔安
第五章
古厝
的营造技艺

翔安人营造大厝已有一千多年历史，定下严密的坐山、寸白规格，探索总结出严谨的营造技艺，整个建筑过程繁杂而琐碎，土、木、砖、石的使用必须密切配合，缺一不可。从选址、定向、备料、奠基、安门、安砛、砌体到上梁，根据一整套相当复杂，有闽南传统色彩的形式进行。随着社会的进步，科学技术的不断发展，人们思想意识也不断转变，翔安传统“汉体”阳宅的营造也发生许多重大的改变，砖瓦红料因矿物产开发的限制和瓦窑的衰落而显得奇缺；成材的杉木更是难得一见。尤其是近年来，农村住宅营造已完全改用现代机制砖、钢筋混凝土，喜欢盖多层次平面楼屋。掌握古代建筑技术的泥水师傅、木匠师傅、绘画师傅逐渐老去、衰亡，“汉体式”闽南大厝营造技艺正在不知不觉地消失。

成片的翔安古厝

渊源及其特征

自原始社会起，人类就利用石洞、树叶、草藤等来营建居所，到春秋战国初期，瓦当的使用已经相当普遍，鲁班就是战国初期的建筑师。“鲁班尺”是泥水匠、木匠至今仍在使用的生产工具，鲁班被后代祀为工

屋脊剪影

以族群聚居而建的村落

匠祖师。这证明，自春秋战国时中国人就已经用土墙屋体、木结构梁架。晋太康三年（282年），析晋安县地置同安县。唐显庆二年（657年），开漳圣王陈元光随其父陈政率光州固始五十八姓军校南下开辟泉潮，在漳州扎根；光启二年（886年），闽王王审知从河南迁入闽地，势力范围渐及进入现翔安地域，人口大迁移带来中原先进文化和生产技术，住民结合南方气候、地脉以及自然生态环境，就地取材，以卵石、碎石为墙体，毛竹、杉木为支架，茅草、稻草为屋顶，夯土为厅，不施粉饰，设备简陋。明清时期施行海禁，沿海三十里范围内无人居住，原住宅任风吹雨打、自然颓坏，在这艰难环境下，一批批翔安人漂洋过海下南洋，远走他乡出苦力，他们以生命为代价换来财富，营建出看似皇宫建筑的“汉体式”阳宅。

翔安古大厝虽然不如宫廷般富丽堂皇，但适合族群聚居，营造格式一般分为五架、七架、十一架，甚至十三架、十五架，还有护屋、回向、三落等。在坚固的砖石结构下，红砖厝拥有丰富细腻的内涵，横梁垂柱、透雕描金、工艺繁复。

翔安古厝传统建筑生动的存在，让人窥见其令人咂舌的昨天。由于受

山区就地取材的碎石墙体古厝

到外来文化的影响，加上城市化进程加快，人口增长、家族分户另建新宅等原因，古厝逐渐疏于管理，部分不法之徒盗走珍贵的木雕、砖雕、石雕，在高楼林立的环境中，显得尤为珍贵，仅存的翔安古厝这也是我们为子孙后代守护的一份乡愁。

结构模式与规模

数量众多，形式多样的古建筑，有古厝、寺庙、书院、土楼等，其中，红砖赤瓦风格的古厝最具代表性。所有古厝建筑都以石、砖、木、土墼或夯泥材料构成，以木框架结构的梁柱斗拱、木制屏墙为承重支架，采用混合结构。

翔安民宅的外墙与内墙多采用叠石、砌砖、堆土墼或夯泥墙的承重式构建法来构建，承重部分除承担椽桷与屋瓦的压力以外，还能围蔽和分割空间。民宅外观雄浑与朴拙，令人感到安稳与舒适。古厝外墙上的窗户既矮且小，边堵不留窗户，仅在后壁和镜面留窗户，每间房间最多留一个窗，

各种规格和寸白的古厝

厅堂后也只留两个，采光、通风不良。原因有三，其一，翔安地处沿海，台风频发，两季漫长，周边缺少挡风固沙的蔽障物，窗户不宜过大；其二，古代常有海盗山匪侵扰窗户过大有碍安全；其三，居民多从事农耕渔业，早出晚归，夜晚栖息在阴暗的房子里，更符合自然的生理要求，使人获得充分的休息而快速恢复体能，故厚墙窄窗是最佳方案。解放后盗贼基本绝迹，很多人家在大厝的边堵墙上拆墙砌窗，每间房间两个窗户，夜晚房门紧闭，还能通风透气，更利于居住。

古厝边墙

一般宅屋的厝身后壁、镜面和边堵都是实墙。后壁和镜面上置壁路椽，边堵上置房椽，二落厝的后落镜面则视主人的财力和喜好建造，有的以木制屏门构筑，然后于中墙的前端立虎口柱以承挑壁路椽，虎口柱上出挑斗屐，用以承挑檐口椽。檐廊捧檐则由水遮承挑。承挑厅椽和房椽的中墙或为实墙，或是木制屋架。清朝早期，翔安典型的古厝，三面外墙以石确叠砌与红砖斗子砌为主，浑厚的墙体冬暖夏凉。古厝内部墙体大多采用柱、通、梁屋架结构，房间里通风透气，就靠房间与矸路之间笼扇上的疏格；清末民初，古厝内的墙体已改为下堵用砖砌实，上堵用土墼叠砌，以蚝壳灰沙泥粉刷墙面。

窗户矮小的红砖古厝

榉头的结构模式是以椽柱仔承重，以墙体传递为主。榉头的后端，即靠巷头的墙体，承重方式也有差异，有的是实墙承重，有的则是木构架梁承重。若是木构架梁，则其横通的外端必穿置于侧面边墙的实墙上，另一端则由榉头柱承接。榉头前端的“猪母巷”上置架梁，此巷之架梁是榉头与前落房之间用以承担榉头椽的横向梁木，其位置恰好在前落房的二付、三付椽上。榉头的内侧墙自檐口退缩而形成稍微出檐，留有檐廊情形的，称“出规起”，出规起自内侧实墙或榉头柱出屐以撑托捧檐。若仅作出寮而无出檐的“包规起”，则不出屐。

翔安民宅前落的结构模式与后落类似，只是门厅的中墙多为架梁，但因规模较小，所以大多较后落的架梁少两架，且外端直接置于凹寿两侧的实墙上，凹寿出檐部分的捧檐和檐口椽皆安置在实墙上，巷廊出檐部分的捧檐和檐口椽则从虎口柱作出屐承挑。前落的结构模式与后落相同，但大多没有檐口椽，而置于榉头内侧的石墙上。

落规的中段通廊大多是卷棚构架，也为架梁承接，架栋负重，外侧仍为实墙传递，内侧则作支柱承接。其余护龙、三落中的后落、过水与突规各部也多以实墙承重。

翔安民宅称横向两支柱心或两道墙心或墙心与版堵之间的空间为一“间”，厝身以三开间居多。原始的“一开间”或“二开间”，零星地散落在古老聚落群的一隅。比如新店前浯村的郑氏家庙是大厝身左右加双突规的五开间，各开间的宽度不一，以中间的为大，依次递减，两边对称。

三落大厝鸟瞰

古厝单体建筑的命名也有讲究，以三落进深为例，通常第一进称“前落”，第二进称“上落”，第三进称“后落”。在翔安民宅中，纵向的深度大小，通常都以“架”命名。清代以一梁称为一“架”，宋制以两梁之间距离称为一“步架”。清代的“九架厝”，宋制则称为“八步架厝”，但架与架之间的确实距离没有一定的标准，架数的计算也没有统一的标准，有时后壁墙上的壁路椽及镜面墙上的柱尾椽都不算在内，只算厝身大厅内的寿梁、二付、中脊梁、二付、三付和屋檐椽、捧檐椽；有的不算后壁墙上的壁路椽，但却把镜面墙上的桷筒计算在内；有的是以两支椽仔之间为“一格”，所以把镜面墙上的桷筒计算在内，因为周易以奇数为阳，偶数为阴，才符合阳宅构筑的寸白要求。

点金柱梁架

古厝室内墙体及梁架

三柱三通四瓜五架和木制挡壁板

点金柱七架

宅屋的类型和架数多寡的搭配有密切的关系，但并不绝对，搭配的原则有二，一为合制而不犯忌讳，二则取匀称与美观，更看中经济实力与使用价值。在翔安古厝中，一落二榉头多为七架厝的构架，很少为大七架厝的构架，一落四榉头与三盖廊厝则多为大七架厝以上的构架。展步厝则可能出现在各种类型的宅屋中，但一落二榉头和一落四榉头若建为展步厝，业主有宅基地的，则可延伸扩建为二落、三落或衍生成六路大厝与大六路。至于二落以上的大厝，则多为大九架厝构架。一幢房子的大小，传统上可分类为一落二榉头、二落厝、展步厝、六路厝、大六路厝或规模，小七架、大七架、大九架、十一架……

七架厝的构架比较复杂，小七架通常大规壁上都不做鸟踏线、厅内也没有隔堂屏。大七架厝的构架，即小九架厝，又称“七拖八”。不计柱尾椽，不计捧檐的称为“七拖八”，连柱尾椽与捧檐都算计在内则称为“小九架”。大七架厅内有隔堂屏，大规壁

雕刻精美的室内梁架

十一架大厝大厅展步柱和虎口柱

上也作鸟踏。大九架厝的构架，即“九拖十”，主要是架数为九，多出堂屏后一椽为“九拖十”。十一架厝的构架，即“展步厝”，也叫“出步厝”，展步厝一般有两支檐口椽，所以檐廊比较宽，可以摆设一桌宴席。展步又可视间距的大小分为大展步和展步两种，宗祠家庙一般为大展步厝，一般民宅为展步厝，超过展步厝为十三或十五架厝的构架屋已不多见，五架厝也很少。二落厝的前落或三落厝的前、后落，架数一般以比大厝身少两架为原则。至于榉头，一般多为三架，连桷筒算在内则为五架，护龙则多为七架，护龙的厝身较小时，则无檐口椽而为六架，此时连后壁墙的壁路椽也算为七架。

翔安传统民居的间架数，横向可达五个开间，纵向最多进有十五架（含宗祠）。房子的高度则往往随其间架之不同而有所变化，当然也受地理环境及经济条件的影响。

不同的地域，施工时根据其风俗习惯和自然环境、气候条件等因素，开间、进深和高度都略有不同。比如大嶝田墘社区的古厝，地处海岛，开间多，进深大，但其高度却低于靠山的内厝镇曾厝村。因此，房子的高度、间架的多少与进深的大小似乎并无直接关联。

主要营造技艺

本节以砌墙、平钉、造脊、布瓦、造窗为重点，介绍古厝中涉及结构和整体造型方面的营造技艺，根据墙体的位置不同、用料不同，进行说明。在营造过程中，每个细节都至关重要，其中造脊最能体现泥水匠的功夫。

典型的古厝镜面墙装饰

一、砌 墙

墙身包括墙裙、腰线、身堵、山墙和窗户几个部分。其中外墙墙身最具特色，山墙红砖斗子砌烘托出呈对称式的泥塑浅浮雕脊坠。脊坠各式各样：有祥云下一束书信，寓意海外亲人经常来函；有芭蕉扇，寓意高檐底下好乘凉；还有如意、葫芦及层层起线高灰雕的人物故事。腰线有红砖鋆砖花纹组砌，也有“泉州白”、青斗石浅浮雕。

翔安古大厝的厝身承重墙都是实墙，古厝的墙按材料可分砖墙、石墙、夯土墙等。每堵实墙由外壁墙与内柜墙互相咬合砌成内外平整的面，外壁面用蚝壳灰沙泥粉刷的除外，因为这种墙都由土墼砌成或夯土夯成。

因使用的材料和功能不同，翔安古厝砌墙的方式多种多样，具体根据建筑风格、地理环境和经济实力不同而定，下面列示常见的筑墙方法。

（一）按材料分类

1. 砖 墙

石确装饰砌法多样化，如整面墙皆用石确，以人字砌的方法平砌到鸟

镜面墙红砖拼花

红砖与条石混砌的墙体

富有特色的墙体

红砖拼花镜面墙

拼花镜面墙

白灰下裸露的墙体红砖

红砖雕拼花

踏，称为“到规”。[①]人字砌的转角处改以收边平砌，称为“圣旨砌”。

镜面墙是古大厝展现在人们面前的重要部分，中间大门，两边为窗户，犹如人的五官，是石雕、木雕、砖雕等装饰工艺集中施加的部位，营造时主人特别重视。镜面墙一般以砖石混砌，凹寿中间大门两边颜紫

① 乌踏（jiāo dà）:石确砌成的墙体与红砖斗子砌的山墙之间，砌两层凸出墙面三四寸的尺二砖，乌常栖于此，故名。到规（gào guī）:直砌到规带下。

颜紫砖堆砌的外墙

红砖墙拼花

红砖拼花的对向堵

砖线砌，方框里镶嵌精美砖雕或彩绘，蚝壳灰底，衬托出砖雕的精美或夔龙纹、螭虎纹、万字纹等吉祥图案，四周花边彩绘，四角蝙蝠祈福，转角处颜紫砖叠砌。两边对向堵可因主人嗜好，或联句，或砖雕，或彩绘装饰。两端柜台脚上的裙堵用表面素平精凿的长条板石封砌，简单一点的用方形石确直接圣旨砌，镜面墙与边堵墙角和凹寿转角裙堵部分（即角牌）用素平或浮雕短板石封砌，上面压一块短板石，将裙堵和边堵墙连成一体，镜面墙身堵墙角用颜紫砖叠砌到墀头堵，与裙堵竖砌的角牌石同宽。裙堵上窗下线用颜紫砖錾成一组组回环形花边密缝组砌，石框

传统材料的红砖拼花

红砖拼花

窗户两边的身堵可以用砖錾砌，也可以用陶瓷砖封砌。镜面砖石在砌造之前都必须经过深加工，特别是密缝组砌，工匠们都特别注意面的平整和线条的吻合。以錾砖堵为例，每一组图案就如一个模子印出来的，不知是师傅的技艺高超过人，还是工具特别锐利，才能錾出这些细小的砖件。这些小砖件组合成平面图案，看不出白色灰线，其缝难容发丝。砌颜紫砖柱时，泥匠师傅会用瓦刀把颜紫砖敲出几个缺口，以利于灰浆与砖件胶着一体，提高黏合程度。

2. 石 墙

石墙大多位于镜面墙或整栋建筑四周下部与红砖混砌，也有全墙以条石或毛石堆砌的。版面较大的花岗岩石板则用单体封砌，即将石板的素平面朝向墙外，中间施以黏土和碎小的砖石。所以传统建筑墙体中砌嵌许多花岗岩的石确，集中使用鱼鳞砌、乱石砌、人字砌（俗称“簸箕花”）或圣旨砌。有的后壁墙、边堵墙外壁墙用石料或卵石砌成，工艺为人字砌、圣旨砌，石砌外壁墙之前，泥水匠要整理堆积在四周的石确，因材施作，选较为平整的一面，用铁錾凿去不规则边角，雕成三角形或矩形的石确，

南洋风格古厝门面

双堵素平石头镜面墙

鹅卵石垒砌的石墙

富有特色的白基墙

古厝的毛石墙

乱石砌

人字砌

平整的一面一般不做素平。宽度一尺的石确适合作圣旨砌，宽度窄于一尺的适合作人字砌。看备料情况，如果宽度一尺的石确多，可以整面墙做丁字圣旨砌。后壁墙与边堵墙的厝角和巷头门周围墙面用方整的石确做圣旨砌，圣旨砌中间做人字砌。人字砌时，先在地基上用雕凿成三角形的石确砌第一行，第二行开始用长方形石确做人字砌。在两行人字砌与圣旨砌石确之间砌一块三角形石确，鸟踏线下再砌一行三角形石确收平，形成中间人字砌，四周三角形石确线的长方形平面。砌造过程最能体现师傅的功夫，

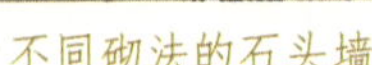
不同砌法的石头墙

圣旨砌、人字砌

圣旨砌

杂乱堆于四周的石确，每一块并没有固定适合叠砌的位置，哪个位置用什么石确，就看师傅的判断。师傅们往往随手拈来，恰到好处，只要稍加用石片垫角，石确就在那里永久扎根。用雕凿过的石确砌墙还好，如果用卵石叠砌，没有经验，没有技术是不行的，一些明朝时期的简陋房子，墙体上的卵石看不出一丝灰泥黏结，好像一不小心就会从墙体上滚落下来，但能经历几百年的风霜，墙体依然挺立着。砌几层外壁墙后，接着砌内柜墙，这是徒弟干的活，大厝四周的内柜墙都用片石、碎砖、破瓦等下脚料混砌补齐，再用灰沙泥找平而成。

边堵石墙上面用尺二砖平砌两层做鸟踏线，鸟踏线凸出墙面三寸，退后壁墙角九寸至一尺，前端到巷头门上灰线。鸟踏线上砌山墙，三角形的山墙是封甓墙，外壁墙面用六寸、七寸砖封甓，颜紫砖隔行。颜紫砖有火路薰纹的一面向外横砌，颜紫砖线上用六七寸砖釉面向外封砌，三块一组，每组之间用六七寸砖横砌隔开，也可用颜紫砖隔开，作“斗子砌”，以免封甓砖脱落。内柜墙一般用土墼，殷实的家庭用窑口砖，与封甓外墙咬合。一行颜紫线，一行封甓砖，逐行收缩，形成近似于等腰三角形山墙。第一行封甓砖上面中间砌一个石框小窗，小窗四周用颜紫砖线，山墙的高度要合理，太高了，人字形屋顶太陡，所布红瓦容易脱槽。

用圣旨砌、人字砌、卵石砌这些工艺时，为求平稳，要用很多小石垫，砌好后用灰泥塞缝，干燥后清水洗净，蚝壳灰沙泥勾缝。砖、石封砌，因边沿平整，是密缝砌法，只在砖、石的接触面三条边上抹上一条蚝壳灰线，压实干燥后刮下被挤出的多余的蚝壳灰[①]。

夯土墙

3. 夯土墙

在古代，由于科技落后、资金紧张，民居多夯筑土墙。人们就地取材，自然、生态材料变废为宝，广泛使用。以自然生态的材料为原料夯筑土墙，可就地解决建筑材料的问题，成本低，且有冬暖夏凉的效果，在经济一般的家庭中应用较广。

夯土墙用三合土，以蚝壳灰一份、溪沙两份、红土三份再混合少量稻草加水搅拌夯实，整堵墙非常坚固；另有一种三合土叫作“糖水灰”，以蚝壳灰、溪沙、糯米和粉碎的黄麻皮为主要原料，按比例混合，用烧熟的红糖水进行搅拌，质地坚韧，永不变形，比现代硅酸水泥更牢固，寿命更长，但制作繁杂些，一般只沿房屋地基外围夯筑，以防雨水冲毁地基，墙裙潮湿、脱落，外力侵损。夯土所用工具主要是两块长方形大木板，在叠石墙裙上夯一层一尺来高的土墙后，在土墙上横放两根短木棍，把两块大木板依墙体宽度竖放在木棍上，用绳子、横木固定，就可以用木杵开始夯土。夯土一般每层厚度一尺有余，夯实后再逐层递加，直至达到所需高度。

夯土墙（新圩下市尾土楼）

夯土墙

① 蚝壳灰（ó kàr he）：海蛎壳经过煅烧，取得天然壳灰，再拌水令其发生化学反应而成。

清代晚期，新圩镇下市村富绅黄贡义建了几幢比较典型的板筑土楼，可见古代夯土建筑的特色。

4. 菅蓁墙

老化的菅蓁墙

清代康乾时期的古厝，除外墙之外，古厝内分隔空间的墙体基本以石、杉木、菅蓁构成混合墙体，菅蓁墙是大户人家才用得起的。墙体下面是一尺高的素平石板或颜紫砖，厚四寸左右，用于墙体的防潮、防蛀；裙堵是十二厘米厚，高一米左右的杉木框内嵌内外两层杉木板或篾条编织的隔板；板上菅蓁编织成席，外面敷抹蚝壳沙灰，也有在菅蓁之间再加入木板，以增加墙体的牢固程度。菅蓁墙墙体偏薄，不多占有限的空间，自然、环保、透气，更适合居住。

菅蓁墙施工

菅蓁墙编制方法

5. 土墼墙

土墼墙用土墼按丁字砌砌成[①]。土墼由田泥混合碎砖瓦、碎稻草搅拌模

① 土墼墙（tô gàd qniú）：用土墼砌成的墙。

土墼和石条混砌的墙体

压，风干而成。土墼墙的牢固程度视砌墙体的泥浆和外部蚝壳沙灰保护层的优劣而定。故有些墙体风化，但砌墙的泥浆线依然坚固。

土墼墙

（二）按形制分类

墙体按建筑形制之分有不同做法，常见的有镜面墙、规带墙、水闸墙、鸟踏墙等。

1. 镜面墙

屋子前落墙身的正面为“镜面墙”。明间的凹寿正面称“牌楼面”，凹寿侧面称“对向堵”。镜面墙、牌楼面由下而上分为若干个块面，每一块面称为一“堵”。镜面墙以花岗岩、红砖砌成；牌楼面裙堵以石、砖雕砌成或拼贴。

白基红墙的镜面墙

（1）柜台脚。前落厅两侧厢房的镜面墙裙下，地平石以上用灰白花岗岩砌成的台基，下部是白色的花岗岩，雕成夔龙纹等纹饰、仿木雕工艺的阶型条石，称“柜台脚”。

柜台脚

（2）裙堵。置于柜台脚以上，高及人腰的块面堵，称“裙堵”。裙堵上用数块打磨光滑的花岗岩竖立成堵框，墙面用规格条石砌成，称“丁堵石”。也有部分普通民居的外墙裙采用山涧溪湖捡来的卵石砌墙体，石料不经过加工处理，看似粗糙，却有自然美。

镜面墙素平裙堵

（3）腰堵。墙裙以上狭长状的块面称为“腰堵”。腰堵介于裙堵和身堵之间，以鬘砖方式组砌。也有用花岗岩白条石砌成的。一般在素平的石面上以线雕的手法阴刻花草图案，清晰雅观。

腰堵

（4）身堵。身堵位于腰堵以上，檐口之下的镜面墙上，用红砖砌筑。四周用颜紫砖砌成数条凸出，或凹进，或与墙面齐平的砖线，作为堵框。框内身堵简单典型的做法是红砖斗子砌，或作复杂的鬘砖组砌，或为现成的菱形、六角红砖拼贴成图案，或以进口彩瓷砖贴面。身堵正中的位置是窗户，窗户多用白石或青石雕制作，窗上窗头堵内镶嵌格言名句。如果内墙用土墼砌体，身堵窗户就用木制或砖制代替。

镜面墙身堵和水车堵

（5）水车堵。水车堵位于墙身最上方，屋檐之下。建筑中起出檐作用的那条狭长的装饰带，称“水车堵”。水车堵以砖叠涩出挑，正面做出线脚边框，作为红瓦屋顶与红色砖墙之间的过渡。边框内用灰塑、剪粘、彩绘构成装饰带，堵头是蝙蝠形、蝴蝶形细纹灰塑和祥云簇拥的方形盒子。马巷林芳德大六路主厝镜面连着护龙，层层推出水车堵，就是后壁墙上、檐下也出水车堵，也是一奇。

水车堵

（6）鬣砖堵。在镜面墙每间的分隔处，砌出犹如西洋古典建筑的壁柱状竖向墙垛，称“鬣砖堵”。这种不凸出墙体的竖向墙跺多用红砖组砌对联，比如“积德培麟趾 传经起凤毛”“教子千方勤 传家万事忍”。

鬣砖堵

带文字砖雕的鬣砖堵

（7）墀头堵。墀头堵位于前落镜面墙堵边柱的顶部，为出料下檐板与柱子交接处的收头部位，起保护椽头的作用，上面作三十度角前倾的方形堵。墀头堵中贴交趾陶；或泥塑山水人物；或贴彩瓷砖等，是镜面墙装饰的重点位置，甚为引人注目。

墀头堵和水车堵

彩绘墀头堵和泥塑水车堵

泥塑墀头堵

2. 规带墙

规带墙是古厝屋顶不伸出山墙之外，建在山墙上的几层墙体。在山墙上出三层或五层运料，在运料上对照墙体以红瓦按覆槽的样式丁字砌覆砌两层，最后在覆瓦上砌一层六寸釉面砖，以蚝壳沙灰包裹两层覆瓦和上面的六寸砖侧面，露出红艳釉面，这四条凸规垂脊称“规带”。规带的末端修饰呈圆弧形，不露尖的做法是明代遗风。

以后的大厝包规砌体也常以几种不同规格的砖块錾成不同花纹，逐行向墙外出挑，以增加屋檐外挑的长度。“出料”围绕四周，形成风格独特而亮丽的檐口线。

出五层运料的规带

3. 水闸墙

位于榉头顶与后落檐下之间，一般以颜紫砖叠砌，主要防止雨水溅入半楼仔与巷廊。榉头屋顶为砖坪，则水闸墙中间留有小门，以便从半楼仔通向砖坪。这个小门是五谷曝晒与收成的通道。

水闸墙

4. 鸟踏墙

位于大规壁的中间线，由尺二砖作成界砖，凸出于壁体，常有麻雀栖息在上面，故称“鸟踏”。一般大七架以上的房子才有，其作用是将石仔脚以上大规壁分成中堵与山墙两部分，中堵作泥灰粉刷，山墙以红砖作斗子砌，使大规壁富有色调层次分明的美感。通常鸟踏只出一条，但内厝镇许厝村许成功的古厝在山墙规尾窗上增出一层短鸟踏线，别具一格。

单层鸟踏

双层鸟踏

5. 墙 街

翔安民间称深井前端，左右榉头之间的“倒照墙”和三面合围门口埕的低矮墙体为“墙街”。环绕村庄的墙体也称墙街，现在已很少见到。墙街是分界屋宅内外的防御性构造元素，在深井前的墙街，其高度约在榉头屋顶内侧檐角下的五至六寸之间，于中轴线立外大门。墙街顶端多以砖瓦出三层运料，上面压上尺二砖或六寸砖，墙街上纷插杂乱无绪

宅院墙街

三落古厝、前埕墙街

的玻璃碎片，以增加防御功能。古厝前门口埕常围以低矮的墙街，墙街不宜过高，在墙街的前堵中间对应古厝大门。造一个院门，进深不够或有所避忌，也常在靠近大厝的墙街造两个偏宅院门。

6.“出砖入石”墙

闽南沿海一带因明末清初禁海迁界，村落整体向内陆搬迁，原有民居无人居住加上倭寇侵扰而废弃，沦为废墟。后取消海禁，居民回迁故里，百废待兴，故开展民居复建，利用倒塌民居废弃的红砖、瓦片、甓、石头等建材混砌墙体，形成交错堆叠的砌法，称为“出砖

带花纹的红砖

出砖入石墙体

入石”。清代不少民居外墙均采取该方式，充分利用有效资源、节约成本，同时该砌法营造出的古朴、自然、和谐而又有丰富变化的优美图案，红白相间，对比鲜明，是其他民居建筑艺术的一大奇观，更显现出翔安人民的俭朴美德。除了“出砖入石”外，也有采用甓砖、瓦片混砌的“出瓦入砖”，也称“砖瓦编”，墙体通红，点、线、面有机结合。

翔安新圩镇古宅村黄氏宗祠的北侧外墙就采用浑然天成的块石与不同规格的红砖、瓦砾混筑墙体，石竖立，砖横置，上下间隔叠砌，以石块为点、面，以砖缝为线，得到整体上奔动跳跃的韵律，对比体现材料的质感、色泽、纹理，洋溢着淳朴的乡土气息。

出砖入石墙体

红瓦编墙体

二、平 钉

平钉

一座屋顶为梁木结构的宅第，上梁之后，第二道工序是安副梁，分钉杉桷，其过程称“平钉”。首先是用一支通长的杉桷，一头固定于中脊椽上，一头放在后桷山桷坎上，手按杉桷，根据屋面位置以三八、四五、三三加水，定杉桷曲线，以决定二架、三架、四架等椽木的位置，固定好。再用两条通长且宽度均衡、纹路相同的杉桷置于大厅脊梁八卦图上方正中，桷片另一端固定在后桷墙的壁路椽中间，称“合桷”。然后左右按桷距及寸白封钉，大厅左右前后的规墙最后的一片桷子一定挨墙的粉刷面。紧接着的工序依木匠师傅的“先东房后西房”之做法进行“平钉”。而整座宅第的第二阶段“平钉”无疑是“先前落后櫸头”。

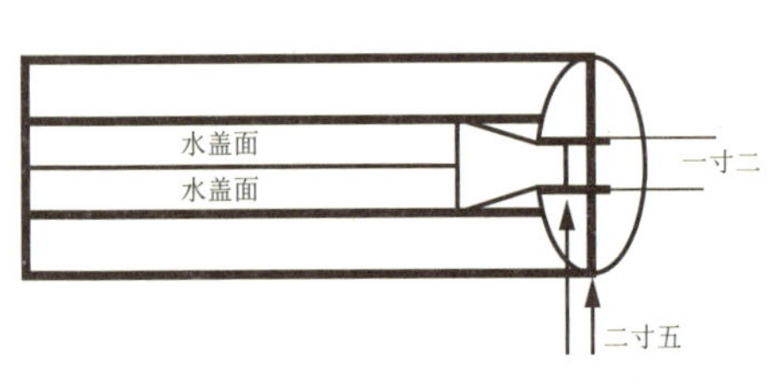

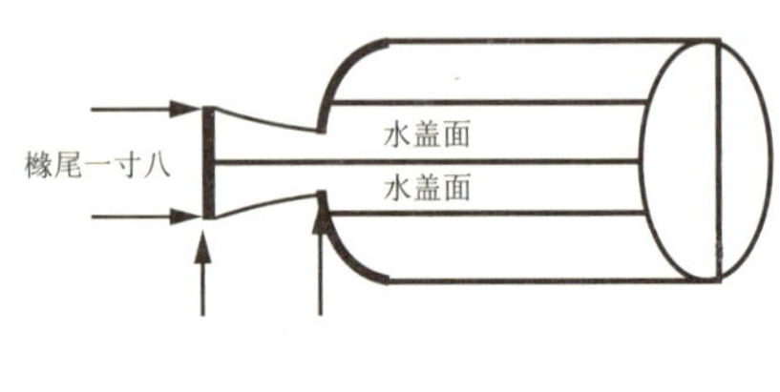

图 5-1　中脊椽接法

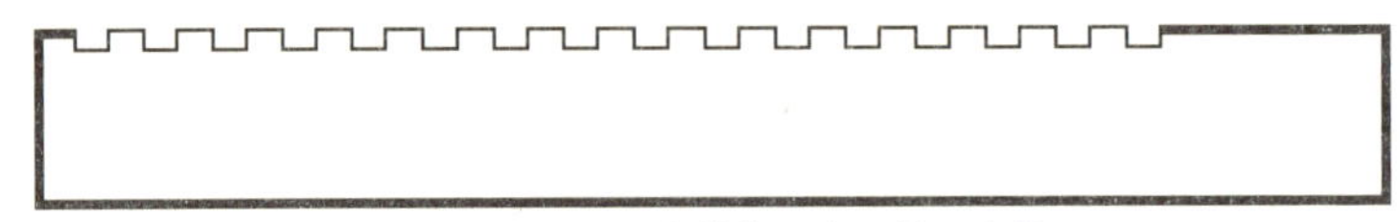

根据桷厚，及厅堂排桷几支，做几个坎

图 5-2　后桷山坎

三、造脊

翔安古厝燕尾脊

屋顶的修筑样式是传统建筑的主要特色。古厝四周外墙与开间隔墙砌好后就可以上梁，上椽，封桷平钉，下一道工序是造脊。以燕尾脊为例，脊头常造成雄狮守口，规尖浮塑云纹、锦草花，脊中剪黏双凤朝牡丹，脊坠堆云片、琴棋书画或花篮。

雄狮守口型燕尾

鱼型燕尾脊

双脊头屋脊

脊坠

翔安古厝的屋脊形式多样，屋顶正脊一般都有优美的曲线，由屋脊中部向两端脊头微翘，其中最为常见的脊头为燕尾脊和马鞍脊。燕尾脊一般见于宗祠、寺庙及九架厝以上的民居，其工艺复杂、装饰感强，可以说是翔安古厝屋脊的精华所在。七架厝及以下常用马鞍脊，装饰略为简单，但因不同地域和不同建筑风格，也衍生出各种不同类型的造型。民间将这些风格迥异的屋脊按“五行”的原则，分为金、木、水、火、土五种。

马鞍脊

由于闽南各地民风民俗略有差异，且不同师傅对屋脊的分类不甚统一，为防止出现归类上的谬误，本书仅以图片呈现的方式列举各种屋脊，暂不具体归类，以此抛砖引玉。

“燕尾脊”更为气派，夸张的弧形脊线和两端高高上扬翘起的脊尖，有轻灵飞动之势。因尾部尖细开叉呈燕尾式的造型，故称“燕尾脊”，给人以纤巧华丽、活泼跳动的视觉感受，充分反映营造的技艺和审美的观感。如果是五开间房屋，屋顶再多出两条燕尾，仿佛双燕比翼飞翔，就更显得别致。“马鞍脊”形如半月，其柔和的线条显得朴素而优美。马鞍

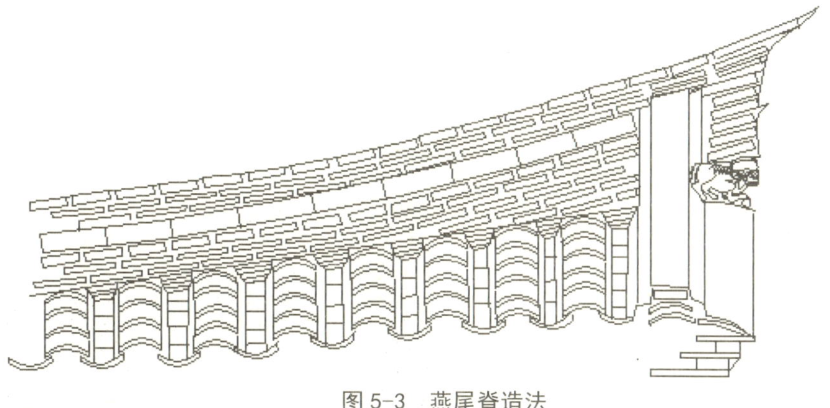

图 5-3 燕尾脊造法

屋脊带泥塑的燕尾脊

集泥塑与剪瓷雕为一体的燕尾脊

翔安屋脊结构

脊从做工到装饰都不如燕尾脊繁杂，稍微讲究一点，也只是在圆规下灰塑简单图案。

造脊先造“规带”，沿山墙的两条腰，用尺四砖平砌一层凹弧线，尺四砖上砌一层窑口砖，窑口砖上砌一层向外凸出四寸的尺二砖，第四层用颜紫砖砌，与下层尺二砖齐口，第五层用尺二砖砌，凸出四寸，上下五层共凸出八寸，俗称“出运料”，接连的后壁墙也用尺二砖、尺四砖和颜紫砖平砌五层，共向外凸出八寸做后滴水，底下一层颜紫砖蚝壳灰抹底，画上精美碇蓝底花边，上一层颜紫砖蚝壳沙灰勾缝。五层或三层运料上面覆上两层覆瓦，俗称瓦翅。造好规带墙后，九架以上可造“燕尾脊”，六路古厝可造“双燕尾脊”，大六路古厝也有造“三川燕尾脊”的。

三川脊

造脊前先在中脊前后的杉桷上排上养瓦，从规带旁开始布笑槽，隔槽笑槽。养瓦上灰泥，用三块笑瓦按一定距离脱开压在灰泥上，下面笑瓦，垫两块覆瓦，在笑瓦两侧边沿上灰泥，再取三片覆瓦，也如笑瓦那样脱开，压在笑瓦侧的灰泥上，中间覆瓦与下面覆瓦之间用两片瓦片隔开；往下布笑瓦时取下笑瓦下的两块覆瓦，插入笑瓦，取下覆瓦之间的瓦片，插入覆瓦。在靠近中脊的覆瓦上敲半块覆瓦垫上，在笑槽上靠近中脊处垫三块瓦片与覆槽同高，在靠近中脊前后的笑槽、覆槽都如此预先布好三块瓦后，就可以开始造脊。

在靠近规带的中脊部分用瓦加高六七寸，逐渐顺弯到房中，可以用绳子先定好两端的高度，以绳子自然下垂弧度确定中脊的弧度。再铺两层瓦，瓦上放一层六寸砖，做“养仔线”，俗称“养线堵”。为减少屋脊对中脊梁的压力，通常把厅堂上的屋脊部分中间放空，前后两旁身堵用“梳子砖”封砌，两边开间上的屋脊因椽仔跨度短，能承受较重的重量，里面采用方形柱脊涵，从中墙堵头放起直到山墙规尾，中脊前后两端身堵以灰塑吉祥方篆文字和蝙蝠、蝴蝶、祥云之类图案装饰。脊涵上面覆两层瓦，最后瓦上压一层六寸砖，俗称“马路头”。用蚝壳沙灰加乌烟泥粉饰身堵，或全脊粉饰至竹篾条或铁丝线做骨架的脊尖。两端上翘的脊尖蔚为壮观，不但增加古厝的恢弘气势，还可作避雷针。五架、七架不造燕尾脊，而是造马鞍脊。规带、圆规头、前后滴水只出三层运料，底下一层尺二砖，中间一层颜紫砖，上面出四寸尺二砖。

“燕尾脊”脊头做法比较复杂。先做脊头底，山尖瓦翅上留八寸高的空间安装狮、鱼等灰塑，脊头要减上面一层砖五六分，慢慢叠砌，到上面出砖有二三寸，用一块四寸宽尺四砖作脊头，向外凸出四寸，俗称“做红舌”[①]。红舌上覆两层覆瓦，俗称“大挂”。最后用一头二寸五分，一头三寸的梯形尺二砖做燕尾，燕尾开叉尖部以前都用竹签，后来改用八号线做骨架，让脊尖以自然弧度向上微翘，整体外面蚝壳沙灰包裹。脊头面中间按养线堵延长线做腰带，出小尖，脊头面俗称“马面”。脊头除了蚝壳沙灰包裹之外，还要用浅浮雕灰塑祥云之类。

做脊头也有许多讲究，脊头开始就往外砌出很多，称“探巷”。脊头后仰，入规带很多，称“抱头哭”，均属“破拍”。也有不多见的双重脊，即在燕尾脊外侧，再加一道方形脊或马鞍脊，以防“冲”。[②]所以屋脊的曲线是否优美，最能体现工匠的审美和工艺水平高低，也是体现整栋建筑恢弘气势的关键所在。

屋脊另一精彩部位为脊坠，位于脊头之下，它包含了主人和工匠的审美情趣或

脊坠

---

① 做红舌：zuè ǎng jì。

② 冲（qiōng）:冲撞，妨碍，不吉利。这里指生怕自家的燕尾尖脊妨碍邻家的阳居，用方形脊阻挡燕尾脊的“冲”，有谦逊之意。

翔安古厝各种屋脊造型

翔安古厝主要屋脊造型

美好愿景。脊坠繁简不一，造型各异，风格多样，位于整栋建筑高点显眼之处，它的优劣直接关系古厝的美感。

四、布瓦

屋面建筑采用红瓦装修，在阳光下特别显现出红艳美感。造脊、封规后，下一道工序就是布瓦，临场实地施工时，在平钉工序的基础上，将养瓦平铺在杉桷仔之上，然后按照“后落覆槽中，前落笑槽中”的原则，覆槽即覆盖在两列笑瓦上的覆瓦列，笑槽即两列覆瓦之间二三寸宽的笑瓦面，取下造脊时笑槽下面的两块覆瓦，插入笑槽，取下覆槽下的两片瓦片，

板瓦屋顶

筒瓦屋顶

插入覆槽。以九架二落大厝为例，后落大厝屋顶布有三十一列覆瓦，中间是一列覆瓦，即“覆槽中”；前落屋顶布三十列覆瓦，左右各十五列，中间是两列覆槽之间的雨水槽，雨水槽俗称笑槽，即“笑槽中”。

民国初期建造的大厝，从厅堂下面抬头往上看，能看到平行的长条方形桷仔和一块块养瓦。厅堂上也可不用养瓦，而以桷仔代替，称“密桷仔厝”，这种厝比较少见，档次也较高。布瓦前，先在桷仔和养瓦上抹上一层灰与沙壤土混合而成的沙灰土泥，靠近屋脊的沙灰土泥土层较厚，下面逐渐抹薄。在沙灰土泥上开始布瓦，让瓦和沙灰土泥紧密结合在一起，在经常遭受台风袭击的沿海，可以避免屋顶瓦片被台风掀起，但会增加古

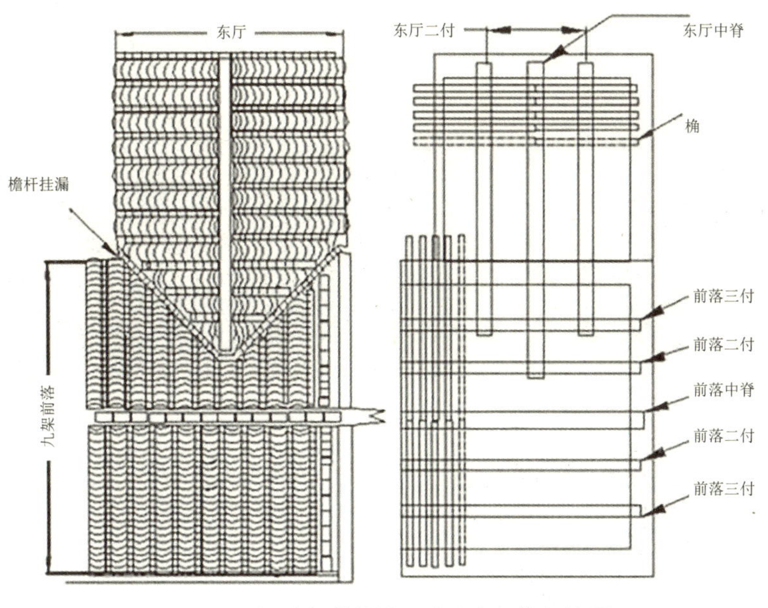

图 5-4　桴头与前落椽、桷分布及檐杆挂漏

厝椽仔和桷仔的压力。一尺瓦槽布瓦四块，以九架为例，共需瓦九千五百块左右。布瓦时，先布两列笑瓦，在两列笑瓦上覆上一列覆瓦，布瓦时两手拿紧三片瓦，从屋脊开始，上面瓦布在最上面，底下的瓦一片一片按顺序脱开往下布，一般上面的瓦盖住下面瓦面的三分之二或四分之三。根据需要，还要用碎瓦片做垫子。第二次布瓦时，要把上面的瓦插在上次最后一片瓦的下面。每布一米左右须把黏稠的蚝壳灰沙泥浆，用灰匙抹在瓦槽两端，以防瓦片松动。整列布完后，再用灰匙沾水均匀推抹一遍。泥工师傅布瓦时，必须在两列笑瓦、一列覆瓦都布完并抹光蚝壳灰沙泥浆后，才能休息。翔安地处亚热带，气候炎热，雨量充沛，又濒临大海，多台风暴雨，海风带来的风沙盐碱对建筑物的侵蚀甚大，因此，屋顶檐前以尺二砖封护檐口。布瓦要直布到后滴水和前屋檐的尺二砖上，距尺二砖边沿二寸左右为止，覆瓦尽头用碎瓦叠起三四层，用蚝壳沙灰包裹。

档次较高的古大厝，会在规带旁布上三行、五行瓦筒，人可以在上面走动。

十一架出步、九架二落大厝，如果桴头上造脊，两坡面人字形布瓦屋面，桴头中脊要插在前落房二付椽上，桴头二付椽插前落房三付椽上，按

带一行筒瓦的屋顶

带五行筒瓦的屋顶

带三行筒瓦的屋顶

带十一行筒瓦的屋顶

带筒瓦的屋顶

桦头加水做。前落檐面和东厅内坡檐面同高，俗称“平和檐”。遇有人字形挂漏，布瓦时要特别讲究，挂漏底下布笑瓦，榉头与前落阴坡接触的瓦面，每槽笑瓦都要布在挂漏槽的笑瓦上，靠近挂漏的笑瓦和覆瓦都要剪角到合适为止，抹上黏稠的蚝壳灰，灰路要彻底与瓦面吻合，以免雨天漏水。

新中国成立后建的九架大厝，因杉木资源紧张，只好用松木代替做椽仔和桷仔，屋顶瓦片也不用灰泥土粘贴。由于选料不精，做工粗糙，虽然覆槽用七寸砖或小石确压实加固，遇到台风天气，也难免飞瓦走石。

五、造 窗

窗的种类有砖构窗、石构窗、瓷构窗、木构窗等。砖构窗一般仅出现在七架以内的外墙窗和九架以上的屋内窗，整体采用颜紫砖叠砌，环以颜紫砖窗框，红砖与白灰红白相间，分外耀眼，窗内附设木制窗扇。九架以上外墙一般都用石构窗，石构窗窗柱表面素平，结构朴素，常以直径一寸的铁条和方形石柱相间。宫庙等公建常使用辉绿石圆雕窗柱，雕有动物花卉，最具装饰特色。镂空花窗常用夔龙纹、螭虎纹、围炉纹等纹饰，戏曲人物常用于寺庙、宗祠的镜面装饰。木构窗防御性能差，仅用于屋内通风透气。桦头、围墙和栏杆等，常以颜紫砖拼砌成各种造型的拼花窗。

镜面墙的石窗

榉头拼花窗

乌踏下的探头窗

镂空颜紫窗

红砖墙五只四孔石窗

七架石墙石窗

条石古厝的颜紫窗

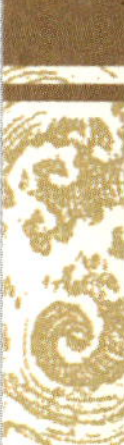

南洋风格方窗

南洋风格的石墙石窗

照壁窗（防窥窗）

南洋风格圆窗

琉璃花窗

毛石墙体石窗

红砖古钱窗

木作部分

翔安古厝木作的结构体系，一般分承重结构、屋面结构、围护结构、装饰结构，其中承重结构最为重要。木作又分大木作和小木作。

一、大木作构件

大木作一般指古厝的通、梁、柱、椽、桷、拱等构件的木作。大木作师傅是粗木作工匠，主要技艺是锯木、斧劈，搭盖梁架、平钉等。大小木作师傅使用的工具有差别，大木作师傅的施工工具是大锯、大斧等。

明清时期至今，除了本地师傅，木工匠师不少来自闽南的晋江、南安、惠安等地，各地匠师技术的传播与交融情况比较复杂，木结构形制变化各异。翔安山区流行的梁架建筑介于抬梁式兼插梁式构架形制之间，其构架的特点是以柱直接承椽，柱间设通梁、瓜柱连接。古厝抬梁式与插梁式的特点是木椽直接压在柱头上，瓜柱骑在下面的通梁上，每个柱椽交接之处，斗栱节点上都有多层次的梁柱间插榫，其施工方式是由下而上，分件组装。

屋顶举架方面，古厝民居常用木构抬梁式和穿梁式或两者混用的屋顶举架，宗祠家庙以抬梁式居多，十一架古厝则兼用，弯栱形的月梁、曲线形的螭虎拱和梁枋间带有鸭掌形三爪的爪拱，尤具特色。

翔安古厝屋顶梁架结构

康乾时期的古厝，以十一架出步为例，后落三柱五架穿梁式屋架，前落三柱三架穿梁式屋架。后落三柱五架前是虎口柱，后是寿堂柱，中间中脊柱。中脊柱高都接近六米，直接承挑中脊。三柱之间以横通、瓜柱、丁栱将屋架连为一体，底下大通两端做榫，插在金柱上，通的跨度小；二通上骑两支瓜柱，三通一头插在中脊柱，一头插在瓜柱上；三通上也骑两支瓜柱，形成三柱三通四瓜七椽。中脊柱和瓜柱上做丁头栱与鸡舌承挑护住各架木椽，施以华丽装饰，通下雕花通随、托木、束随、束草点缀其间；前落进深三柱二通二瓜五椽。这种穿梁式、抬梁式混合屋架结构，比单纯的抬梁式更加牢固，更稳定。

檐口出挑的木构造尤其值得一提，前落厅的后檐面向深井檐口，与榉头檐口等高，这样，前落厅后檐便可与榉头檐口合二为一，连接成一个整体，减少木作与瓦铛的节点构造，强化梁架的整体性和建筑的安全性。

翔安境内土、木、砖、石结构的古厝建筑常用的木构件大体有如下九种。

（一）橼仔

檩，闽南语称“橼仔”[①]，橼仔有为横向架梁之木，有为竖地承载之柱。

中脊橼以整根特选自然生长的“福杉”，按照所需的直径，用斧头开

十一架大厝屋顶的橼仔

① 橼仔（ynǐ à）：古厝屋面横向的整根杉木，即檩。

斧，剖成根部稍细于梢部的圆柱体，再用刨刀刨光。中脊椽其下的两端横椽依“架”的位置称呼为二付椽、三付椽、四付椽……有些地区的富有人家建筑规模较大的屋宇，厅堂正中最高的那根椽，称“脊椽”，翔安俗称“中脊”，亦称“栋梁”。梁中绘有太极八卦纹路图。有的大厝，由于屋顶要起翘，就会将次间、稍间的所有椽仔由内端低而外端高地进行构造，使屋面在纵向上呈一个曲线面。七架中脊直径不超过五寸，十一架出步厝中脊椽直径一尺。厅椽与房椽之间都要以鱼尾榫接合。

（二）桷仔

椽仔，方形扁平杉木板条，闽南语称“桷仔”[①]。桷仔以整根杉木用锯子析开成薄片，依桷仔的宽度、厚度锯为桷仔的雏形，再用刨刀刨平。翔安传统建筑中用的“桷仔”有头尾之分，钉桷仔时，必须桷仔木料的根部朝下，桷仔梢端向屋脊方向，谓之“往上发”，如此才能家道兴旺。桷仔将每架椽仔连成一体，起加强结构整体的作用。

桷子

（三）斗栱

斗仔依外形区分为四方斗、碗仔斗、六角斗、八角斗、椭圆斗、梅花斗、仰莲斗七种。

斗仔依位置区分为柱头斗、瓜筒斗、栱尾斗、鸡舌斗、连栱尾斗五种。

翔安古建筑中使用的斗仔，古厝见于寿堂上、虎口柱、东厅角柱、前落房角柱的出榉。多数用于宗祠家庙、寺庵佛殿的多檐转角，多层出栱。

① 桷仔(gàr ǎ)：古厝屋面纵向的方形长条杉木，即椽仔。

屋檐下的多层斗栱

翔安地区木作建筑中广泛使用在梁架上的构件——栱仔，形态各异，山区海岛民居以单抄与双抄丁头栱两种为多。丁头栱由柱身出挑，伸出施于内檐梁架，承托插入柱身的梁尾。

用于柱头铺作与转角铺作的丁头栱有多至七八层的。由于多重丁头栱插入柱身，柱子榫卯开口过多，一旦建筑年代长，柱子腐朽，容易开裂，导致坍塌，便出现多层叠斗的做法。

斗栱

透雕的木制雀替和斗栱

屋架上的斗拱

（四）柱 子

不同位置上的柱子，各有称呼。用于出步的独立椽柱称“步柱”；位于厅口两端，厢房转角处的椽柱称“虎口柱”；与墙体结合的柱子称“半柱”。

半柱

清朝早期，杉木柱尚圆，柱子的断面多为圆形，与墙体结合的柱子也是半圆杉木；清朝末期以来尚方，除步柱以外，基本上杉木柱都做成方形，寿堂、榉头回廊、过水的柱子大多是方形柱。不管杉木柱是方是圆，翔安沿海地带，气候潮湿，古厝中的杉木柱子底部都有石柱础承托，既防腐朽，又防虫蛀。

步柱

由外向内分别为步柱、虎口柱、半柱

（五）通

位置最低的一根横梁称“大通”，长达四至六个步架，宗祠家庙金柱间的大通属于这种类型，是抬梁式梁架结构的主要承重梁。其断截面呈

步通

卵形；十一架出步、大六路古厝，因为有大厅与厢房之间的隔板墙，梁架结构属于穿梁式与抬梁式相混合形式。横通跨步小，为求墙面平整而忽略梁架之间的凹凸感，把横通做成方形，横通上的瓜柱也做成方形，只在棱角处进行稍微的圆弧倒角处理，承托第二、第三通。这种方形梁柱虽显瘦弱，但其牢固与稳定程度丝毫不亚于肥胖壮实的卵形梁柱。民国以来，内墙以实墙承重为主，大厅两侧的柱梁也就很少见了。位于虎口柱与步柱之间的短梁称“步通”，步通跨度小，位置显眼，上下左右不大的空间是小木作集中施以木雕工艺的地方。

最令人瞩目的是大通的通随 ，它除作为大通的辅助构件外，也是小木作工匠雕花藻饰的集中之处。

通随结构

通随构件细节

（六）寿 梁

寿梁是虎口柱上方与椽平行的额枋，位置显著，以人站在后落砛面上

寿梁

寿梁

彩绘描金寿梁

看不见中脊梁来确定寿梁的高低。梁体为扁长方体，梁身饱满，两端刻画出像“虾须”的曲线。宗祠家庙还以透雕圆雕龙形托木装饰寿梁两端，装饰甚美，极富闽南古代传统木作建筑的特色。

（七）瓜 筒

骑于通梁上的矮瓜柱，木匠称为瓜筒。承托通梁的这种矮柱，两侧与梁通同厚或宽于梁通，木匠于瓜柱底下居中锯凸榫，骑插于梁背上，外观犹如南瓜，有很强的凹凸立体感，特别是三爪瓜柱，矮胖可爱，让人耳目一新。

瓜筒

（八）灯梁

圆形彩绘灯梁

翔安每幢古大厝、祠堂、庙宇的大厅都有一根断面呈六角形的木作灯梁。一般安置在正厅二通的梁背上，灯梁在屋架承重与结合方面并不起任何作用。民间认为人神之间的关系以灯梁为界，灯梁与神龛之间为神的空间，因此，灯梁仅用来悬挂“天公灯”、灯笼。

闽南木作工匠用圆的半径来分割圆周，在一根圆杉木上用斧头劈出形状稍扁的六边形灯梁，灯梁不用四方、八角、圆形梁体。灯梁上墙后，必须在全梁绘上红色飞凤等彩画，两端靠墙装饰荷花等透雕灯梁座，宗祠家庙则垫以狮座，以示吉祥。

六角形彩绘灯梁

灯梁花座

二、小木作构件

翔安古厝的木作工艺与闽南各地大体相同，有大小、粗细之分。小木作师傅是细木作工匠，主要负责锯薄板，造柜台，做门窗构件。小木作师傅使用小锯、小斧、小刨、小凿之类较为复杂的工具。

雕工精美的小木作

古厝小木作的建筑构件有门、窗、挡壁、托木、梁引。寿屏前的神龛、中案桌、八仙桌等，尤以神龛、笼扇的制作最体现小木作师傅的高超技艺。古厝小木作传统建筑风格自昔已然，趋利为多，下面简单介绍六项典型的小木作构件。

（一）挡壁板

穿梁式木构架的古厝中，厅与厢房的间隔墙，即中墙，是住宅小木作装饰的重点部位。以木板作为间隔，板堵依照笼扇式样装饰，分裙堵和腰堵两部分，造木板内外隔截壁，墙内以菅蓁和少量稻草编布，其中填入干牛粪、田土或泥浆，外壁再抹一层蚝壳灰。

木制挡壁板

（二）木大门

翔安古厝中的门窗很有特点。门分为门框和门扇两部分。门框有木门框、石门框、砖砌门框、石砖混砌几种。木门以长方形为多，门板用实心木料制成，软门则在边框中嵌以薄板，更多的是做成格子，称格扇。实木门每扇门用四块木板拼合而成，庙宇门扇每块厚度二寸以上，住宅门扇每块厚一点八寸，上下侧面用两条木龙把四块木板贯穿合拼固定，再安装门趴、门闩，为防从门外撬门，还在门趴中安装“门猴”。门簪，系串联门扇与门趴的构件，一般做成圆、方等形。门扇正面上方中间内侧安装两个门钹，门钹安置也有习俗：二品以上的官，门钹用铜铸成兽面状；二品以下者，用铜制成圆形。一般门钹是八卦形和门环，用以叩打叫人。每扇门板上下削一个门轴，门轴套上铁箍，安装在石门框上下斗的石臼里。砖砌门柱，木作上门臼紧贴于门楣的木构间，两端成半圆形突出，半圆形中央做凹槽，以容纳门轴。木制大门制作正常分两步：首先是按门框的尺寸制作比其稍大的木门毛坯，经过一段时间的自然风干，木性稳定之后，然后

城隍庙大门

木门上彩绘门神

林芳德大六路大门

进行二次加工，按实际尺寸刨平修光，其目的是防止春季潮湿门扇变形而导致而关不上，秋、冬季气候干燥而“见光”。修整后的门扇经过漆灰补平，再敷以麻布、夏布，分别以粗灰、中灰、细灰依次找平、打磨，再髹以大漆，髹漆的遍数视平底漆的平整度和漆膜厚度而定，一般两三遍即可。门扇可以素髹或加彩绘，一般民居素髹后再漆上一块红底门联叶，写上吉语即算完工。门联叶一般一扇两字，如“迎祥”“纳福”之类吉语。宗祠、寺庙大门则较为奢华，常在门扇上绘制门神等图案，以求平安。

前落辇子门

木门种类甚多，民宅还有内大门、巷头门、房门、东厅门、楼井仔门、风楼门等，除了笼扇门制作精细外，其他木门的做法大体如此。翔安宗祠家庙、寺庵的外大门与民居住宅类同，设双开门扇。

（三）辇子门

翔安古大厝的辇子门[①]是为防盗而设置的，外大门和巷头门内安装辇子门，每扇辇子门厚二点五寸左右，辇子门上

① 辇子门（liàn jǐ mńg）:带轮子的门。辇子，轮子。

辇仔门下槽

辇子门上槽

方凸起两个垛，每个垛中间穿轴，轴两端套上两个木轮子，整扇辇子门挂在大门内侧上方的两条方形木椽上，靠四个木轮子移动；辇子门垂直下方是一条凿有长凹形槽的条石，条石面与砖面同高，辇子门套在凹形槽里。大门内辇子门两扇，把两扇辇子门往中间拉拢，再拴上铁拴；巷头辇子门一扇，从前房的夹缝里往榉头拉拢。每逢晚上，先关紧外大门、巷头门，再把辇子门拉拢，辇子门挡住向内展开的大门和巷头门，从门外根本没办法打开，主人就可以高枕无忧了。

（四）笼扇门

翔安古厝多开间，低小而多门。前后落的三川门，大房厢房门，虎口柱与步柱之间都施以精致的固定式和活动式相结合的笼扇小木装修。笼扇门由四周木框组成框架，框架内分成数堵，以三堵为主。底堵一般不作雕刻，无缝的板堵仅在边缘做几条线脚。笼扇中堵，一般以细木棂组合拼接，简单的做成“马鼻门”，较复杂的会使用各种技法，如以卡榫斗拼咬合成各式图样，如古钱、斜格、回字、万字；上堵是重点装饰部位，可作线锯

木制笼扇门

前落笼扇三川门

镂割、透雕，可作浅浮雕花样并漆金。背面设置可以安装上下推拉的木板，以遮挡外面的寒风和视线。

（五）疏仔门

翔安古厝大门外侧再设的通透的“疏仔门”。疏仔门多为两扇，门扇下部用木板封闭，上部留有栅栏式空间。疏仔门的安装有两种形式：一种是安装在上下门斗两端的门臼里，这种疏仔门和大门一样向内对开；另一种是在大门门框外面另设青斗石圆雕门臼，门臼既起点缀门面的作用，又供疏仔门使用，向外对开。疏仔门有实用功能，主人平时家宅大门开启时，分离户内外，以利观窥及通风，阻拦家禽随便出入。

疏子门

疏仔门

（六）木制窗

翔安古厝的每个房间都有门，有门的开间一般也有窗，窗与门同样有大小之分。窗的框架有方形、圆形、八角形。窗的样式有书卷窗、竹节窗、八卦窗、扇面窗、半墙窗、六角窗、花格窗、蝴蝶窗、漏空窗等。窗扇主要部位的木雕图案以花鸟木雕镂空透雕最为精致。

蝙蝠圆木窗

木制窗

木窗的制作技艺与门户大体相同，也安装窗闩，同样两扇，但向内对开。有的设置木板，左右推拉，以遮风避雨。

古厝屋顶出檐的做法

翔安古厝传统的建筑结构以插梁式构架与承重墙混合体系为主，除宗祠、家庙、寺庵用悬山、歇山顶外，民居屋顶建筑形式都采用硬山顶。

民居硬山顶

为了适应炎热多雨的气候特点，翔安传统建筑的檐口，尤其是面向深井的前厅、榉头、后厅及过水廊等方位的檐口，出挑既深又远。檐口出挑的构造，是以梁头、丁头栱出挑并与吊筒、竖柴、托木等连接，民间屋顶出檐做法有三。

装饰精美的屋顶

一、凹寿

前落凹寿是建筑的入口空间，也是视觉焦点所在。房屋正面砖墙顶部以叠涩出挑支承屋檐，其建筑以红砖为主要材料，以利防火防盗；屋身不作檐廊，正门的入口退后两步架，退凹部分的建筑面积称“凹寿”。凹寿出檐，除以步通、栱仔出挑外，多以吊筒、托木等木雕装饰。

林芳德宅凹寿

翔安古厝典型的凹寿

装饰精美的凹寿

二、出屐

房屋正背面以丁头栱出挑支撑屋檐，两山并不出挑，其形体仿佛早年百姓脚穿的木屐，故以步通、丁头栱出挑檐口的做法称“出屐”。前厅的后檐面向深井，其檐口与榉头高度相同，可以各自“出屐”，也可共同“出屐”。

后厅檐口的出挑的做法是虎口柱出屐，为了保护上架椽头，增加檐口部位的结构强度，将挑檐椽木与封檐板合二为一，然后用两个丁

出屐式檐廊

出屐式檐廊

头栱承托；家庙、寺庵的出屐关键是端部翘起，以其特殊构件增加檐口端部的反力作用。

三、展步

展步又叫出步，有大小之分，是因架数增加，丁头栱出挑跨度大，需要增加一支步柱用于支撑。一般古大厝属于小展步式，只支撑一条椽木，梁架、装饰较为简单，巷廊进深至八尺五六寸，虎口柱与步柱之间横梁连接二层，中间嵌以木雕花饰，步柱向檐口出屐三层，承挑檐口椽。家庙、宗祠属于大展步式，四点金步柱支撑三条木椽，其特征是有卷棚顶檐廊，檐廊进深一丈一尺左右。

大厅展步柱

后落大厅带笼扇的展步

翔安
第六章
古厝
的
装饰技法

翔安地方生产以农耕、渔盐为主，生活与生产方式塑造了翔安人的性格特点。住宅建筑风格富有地方色彩，集精美的石雕、砖雕、木雕、泥塑、剪瓷雕、交趾陶、彩绘等于一身，虽然有的部位使用不同的材料与装饰手法，但整体构造既苍劲骨美、雄浑有力，又不失细腻精巧。比如，若隐若现的水车堵、犀头堵、脊坠等细部，有亭台楼阁、历史人物、吉语美文、家风家训、山水花卉，这些图像都有象征意义和隐喻意义，如六角喻长寿，八角喻吉祥，圆形喻圆满，钱纹喻财富，莲花喻清白，蝙蝠喻福寿，蝴蝶喻美好，都寄托了人们美好的愿望，其装饰手法多样，颇为讲究，虽历经风雨，仍掩盖不住形式美感和精湛工艺。

居民的装饰分布于建筑的各个角落，室内、外墙、屋顶、地面等无所不在，各种材料和装饰手法层出不穷，本节主要介绍墙体装饰。墙体装饰，依施作的手法，可分为雕刻、泥塑、剪瓷雕、镶嵌和彩绘。雕刻又分为木雕、石雕、砖雕。

翔安古厝五架、七架厝均以实用性为主，不大装饰。从九架大厝、十一架大厝开始，规模越大，装饰越多，越能反映家族的雄厚财力，非一

细致入微的门面装饰

装饰精美的屋顶

般农户渔户所能负担。清朝末期，翔安人纷纷下南洋做苦力、经商，有一定积蓄后，就回家乡营造大厝，因主人的喜好不同，建筑装饰各具特色。同时受南洋审美观念和建筑形式的影响，侨建民居在一定程度上融合国外建筑的精髓，形成别具一格的风貌。有的喜欢内蕴之美，就用木雕、石雕装饰梁架、后寿堂、三川门和深井两侧；有的偏好外观的富丽堂皇，除了内部装饰以外，还在大厝的凹寿、镜面墙、脊坠、中脊上施以石雕、木雕、砖雕、灰塑、陶作、彩绘、剪粘等；有的房主雇佣两派师傅，把大厝分为左右两部分，让师傅们比拼装饰技艺，翔安彭厝宗祠就是其中的一例。

木雕

木雕是房屋建筑广泛使用的装饰手法，其工艺手法趋于立体化与精细化，使用浮雕、透雕、镂雕等多种雕刻技艺。木雕作品华丽繁杂，已变成游离于建筑之外的修饰品。

安金木雕

高浮雕人物

安金木雕

凹寿对向堵木雕

木雕多施于凹寿、通、梁、楣、座斗、瓜筒、门窗扇、梁架、花罩。多以安金[①]与彩绘装饰为主，极为精细。安金木雕广为运用，是翔安古厝装饰的一大特色，常见将高浮雕或透雕后的木构件或木雕板髹以大漆，然后敷以金箔，或镶于缀有银白贝壳粉、砂粒的青绿、深褚、紫红或粉黄等彩色底色的木框中，构成“漆金雕板”，大量装嵌于笼扇和槛窗上的腰板、顶板上，门面上多用水族静物漆金装饰。

古厝民居木雕精彩绝伦，除直接承受重量的梁、柱、通不施雕刻外，各种雕刻技法在小木作中屡见不鲜。其中，浮雕运用最广泛，精美的高浮雕主要用于装饰门廊上方、门窗、厅堂阁扇及梁枋，常见凤凰造型和花鸟纹雀替、鸭掌形三爪瓜柱、垂莲柱头等式样，题材富有诗情画意，富含故事情节；浅浮雕多用于表现大面积的板面，习见于厅堂的隔堂板、墙壁槛裙板上，时而见于斗、栱、瓜筒、狮座等次要承重构件上，大部分是山水、书法图案，有清静素雅之感；垂花、斗抱、托木、束随、门簪等构件多作

① 安金（āngīm）：亦称贴金，通常在完成雕刻的木作构件之上油以大漆（生漆、土漆），待漆即干之时，贴上金箔装饰。

泥塑、木雕、彩绘完美融合

前厅笼扇门木雕

笼扇木雕

笼扇木雕

笼扇木雕

垂栱木雕

透雕；镂割花纹，以陀螺钻在木板上钻孔，从孔中穿过錾过的钢丝按图样镂割，然后进行透雕、高浮雕，此图案化纹饰常用于灯梁两头的灯梁座、大通上狮座，笼扇上顶堵，获得古拙、雅洁，寓意吉祥的艺术效果。

最精彩的要数梁枋间活灵活现、圆雕精细的狮兽、蟹甲、鹿象，形象生动，妙趣横生，寓意科甲登第、加官进禄及太平有象，既起到斗的功能，又增添装饰趣味，深受民间百姓的喜爱；枋柱间精雕细镂的托木多使用龙凤、鳌鱼及花鸟图样，为日常喜闻乐见；廊檐和过水梁下的通以及大厅梁枋下的大通随最为精湛，雕刻内容跨越时间和空间，令观者有身临其境的感觉。贤师良匠以高超的木作技艺体现主人的文化品位和身份地位，寄寓房主的思想情愫。

木雕安金

门扇隔堵木雕

门扇木雕

瑞兽圆雕

总之，古厝的木雕装饰，多施于前落的凹寿、前落厅三川门门堵、后落大厅梁枋间、屏墙堵。

大通随木雕

砖雕

翔安古厝外墙上的红砖雕刻极富地方特色，它与中国传统砖雕一脉相承，但表现手法与青砖雕刻截然不同。红砖雕刻的图案内容和构成，既可见中原吉祥图案的遗风，也可见闽南当地特有的人文景观和民风民俗内容，是多元的文化艺术综合体。

砖雕、砖刻多出现于镜面墙和凹寿墙，多为锦地红砖雕花墙堵，图案则为花鸟、人物、瑞兽，亦有以名人诗文、家规族训等内容镌刻或镶嵌于墙体、立柱之上，图文并茂，互为映衬，变化万千。另一种装饰方式为组

镜面墙身堵砖雕

线雕与八角图案组合的对看堵

双层框凹寿砖雕

对看堵砖雕

浅浮雕砖雕

双层效果砖雕

吉语砖雕

凹寿墙砖雕

白灰底錾砖砌文字砖雕

錾砖砌拼花文字砖雕

錾砖花立体文字砖雕

窗头堵砖雕

万字錾砖镜面墙

砌拼花，组砌常用于墙体上或门廊等部位，比如门廊两侧墙面多数铺设釉面砖。泥匠将多组相同的建筑材料，如红砖或瓦片，依一定的规则与秩序排列，组砌成各种几何图案。

砖雕是建筑上的重要装饰手段，被广泛装饰于寺庙和民居的墙体上。翔安的砖雕有窑前雕和窑后雕之分。窑前雕一般借助模具而成，规格、体量较小，雕刻难度相对较小，譬如呈圆形的瓦当，烧制前于模具上雕

镂空式六角砖雕

刻出图案，如荷花、牡丹、吉语，用于民居，宗教题材内容则用于寺庙、宗祠等，滴水、瓦筒分别制成双龙戏珠或雕成竹节造型，寓意步步高升，此类砖多用于有命官者建造之居所。砖坯脱模后或适当加以雕刻修饰，再入窑烧制。

最能体现工匠技艺的是窑后雕，窑后雕是在已烧制完成的红砖上进行雕刻，因其厚度仅在一寸之内，且烧成后的红砖质地转硬变脆，雕刻过程稍有不慎将出线崩角，前功尽弃。工匠个人的文化修养和雕刻技巧不同，砖雕的表现手法也不尽相同，相较石雕而言，砖雕大部分纹饰线条柔和，形式上更侧重于线雕或浅浮雕。砖雕一般装饰在建筑主体墙面、照壁和大门两侧的身堵上，配合花砖拼花边框或彩绘。此类砖雕体量较大，由于受到红砖规格的限制，此类砖雕往往以组块拼合的艺术手法完成。

由于受限于红砖的厚度，窑后雕大多为浅浮雕，主体形象与背景无法形成鲜明对比，为弥补此缺陷，突出画面效果，充满智慧的工匠，在低洼的背景填以白色的壳灰，反而使砖雕带有犹如剪纸般、红白相间的图案，既保护了被刻过的砖雕相对疏松的表面，又起到美化作品的效果，可谓一举两得。

镜面墙身堵錾砖砌砖雕严丝合缝

腰堵砖雕

砖雕古朴自然的

图案，题材以凤凰、锦鸡、狮子、麒麟、梅花鹿、仙鹤、宝瓶和八仙过海为主体，以松树、牡丹、芍药、祥云、灵芝等吉祥物为配景，白色灰底衬托红色图案，整体富有立体感，精美绝伦，富丽堂皇。砖雕还以单块小幅的形式嵌于腰堵、窗头堵、角牌柱上。

总而言之，砖雕主要应用在凹寿、对向堵、廊心墙、照壁、门楼、檐下及镜面墙等显眼之处，但也有部分位于室内之列，如陈允济宅，榉头两堵面向深井的墙体均嵌有精美砖雕，它不仅体现工匠们的高超艺术创造水平，而且反映时代的审美倾向。

窑前雕拼花

石雕

翔安古厝的石雕，不像砖雕是纯装饰用的，大部分石雕除了装饰，本身还有承重的作用。石雕中以质地细腻、颜色素雅的青石石雕最为精致，或以整块青石板作浮雕身堵；或作螭虎纹镂空透雕圆窗；或为花鸟、人物纹浮雕的青石圆柱础、方柱础、门钻；或以浅浮雕条石镶嵌于墙边、窗沿；或在大门石框上雕刻诗词楹联、匾额。石雕形式多样，题材丰富，各具典故寓意，融石质的刚硬与线条的柔顺为一体。

石雕多用在正面外墙体上和大厝内石柱础上。一般正面墙裙都用细磨条石封砌，从大门上造型各异的门当、凹寿墙上精美的浮雕、镶嵌于墙体的辟邪物，到墙体的柜台脚、角牌、石雕窗，地面上的砱踏，人物造型、飞禽走兽及各种传统纹样，均来自工匠的巧妙构思和灵巧的双手，以浮雕、线雕、透雕等雕刻手法，根据需求进行精雕细琢，兼具观赏性与实用性。

对看堵木雕、石雕组合

这些雕饰往往用在镜面墙、大门两侧门厅，护龙厝入口及廊道旁，深井周围。既有刀光剑影、战马嘶鸣的打斗场面，也有渔樵耕读、士农工商的日常生活写照，还有寓意吉祥平安、富贵有余的瓶壶钟鼎、花鸟鱼虫图样。有广为流传的《三国演义》《水浒传》《红楼梦》等文学作品、历史故事；有弘扬儒家忠孝礼仪、道家神道思想的《二十四孝》《封神演义》等内容。

石雕技法多样，较具代表性的有如下四种做法。

一、素 平

石构件加工的环节很多，将石材表面凿平，无花纹、无线刻的技法称为素平，俗称“打平直”。工匠加工时，按一、二、三遍凿法工序进行，

前厅素平石砛

镜面墙素平版堵和浮雕柜台脚

十一架大厝大厅砛石

深井地面和花椅素平雕

镜面七只六空浅浮雕窗框与素平窗杈

凿次越多，石构件表面越细。石料通常雕琢成石板、门框、门槛、窗框、石户碇、栏杆、石砛。也可在素平的基础上，人工加水磨平，把石材表面磨得如镜子般光亮，俗称作“过水磨”。

二、浮 雕

在基本成形的石料上作半立体状的雕刻，称“浮雕”，又依雕琢的深浅、层次和立体程度而分为“浅浮雕”和“高浮雕”。浅浮雕多施作于腰堵线，高浮雕应用范围较广，主要用于建筑中的青石门臼、角牌石、石柱础、踢脚石、窗杈等处。

制作浮雕多选用色层分明的青斗石和“泉州白”等石质细腻的石材，由外及里层层雕刻景物，内层做衬底，以展现出类似国画的意境，达到巧色的效果。

对看堵线雕

青斗石浮雕

柜台脚浮雕

凹寿裙堵浮雕

镜面墙青石雕花窗框

高浮雕

角牌浮雕

对看堵高浮雕

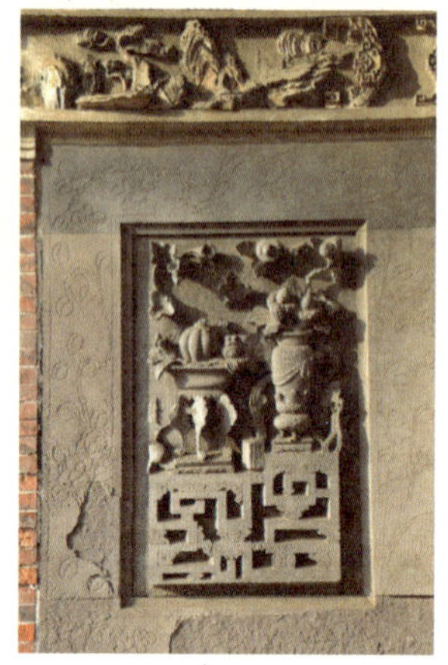

高浮雕、线雕结合

三、透 雕

透雕亦称“镂雕”，透雕是难度较大的雕刻技法，主要表现手法是将石材镂空。石材不比木材，可以采用钻孔线割镂空的手法，雕刻作品时，仅能透过较小空间细心地向内开凿，方能达到预期的效果。这种雕刻多用于宗祠、家庙和寺庵的龙柱、圆形窗户中。

寺庙常用镂空石雕窗

夔龙纹透雕石窗

青斗石透雕石窗

镂空龙纹石雕

四、圆雕

圆雕，俗称四面雕，圆雕分为两类，一是将石构件的前后左右雕成四面见光的纯粹圆柱，如檐口柱、凹寿柱；二是将花岗岩圆柱雕出镂空工艺品，如龙柱。纯粹圆柱石料一般选择“泉州白”，镂空圆柱石料必须用质地坚硬，不易崩角的“青斗石”。

大门抱鼓石

上石门臼人物石雕

下石门臼圆雕

凹寿瑞兽圆雕

石柱础

灰塑

灰塑亦称“泥塑”。是翔安传统建筑重要的装饰手法，以灰泥为主要材料。灰泥以蚝壳灰、棉花、糯米浆、红糖水为材料，搅拌捣熟。制作时，可用模子压制成型，也可用灰匙直接抹在墙上或趁湿进行各种特别形状的塑造。灰塑成型稍干后，及时以矿物颜料和墨彩绘上色，以便色彩渗进灰泥里，经久不褪色。

灰塑以竹篾、铁丝为骨架，以灰泥为底材，进行立体施作，塑造之后，在上面施彩装饰，多施于脊坠、山尖、水车堵。脊坠有几种不同的形状，如蝙蝠造型下祥云荫覆下的葫芦、宝书、信封和方形立体浮框中的仙女散花、观音送孩儿等；规带头，俗称“马路头”，上泥塑狮子、侏儒力士等；水车堵上最精致而耐久的泥塑物用的是交趾陶。镜面墙上，最精彩的是以小巧的葫芦形、菱形、圆形、半圆形、蝴蝶形、古钱形等几何形红砖拼贴装饰的镜面身堵与凹寿内的对向堵及向埕堵，内容丰富多彩。

灰塑广泛用于大厝、家庙的脊头、规尾脊坠、中脊两侧、镜面水车堵

水洗石底灰塑匾额

门头灰塑匾额

南洋风格的灰雕

脊坠的灰雕

对向堵水洗石底灰雕

和匾额等处。燕尾脊马面下是圆雕的狮子、侏儒、力士、鲤鱼等；规尾蝙蝠灰塑下的脊坠常塑祥云环绕下的葫芦、宝书、家信、宝扇、花灯等，更有的做成盒子形状，里面灰塑人物故事。镜面水车堵是灰塑技艺最集中施用的地方，灰塑也最为精美，奔驰的马、疾跑的狮、飞翔的凤、摇曳的花、枝头的鸟、过桥的牧童……一切惟妙惟肖，恍若真实景观。水车堵因距离人们的视线最近，做工也最精细。蝴蝶、蝙蝠造型的水车堵头，其纹理杂错犹如线描一般，这种灰塑应该是用模子印出来的。方形的盒子四周也要以各种云纹等图形进行层层衬托，寓意吉祥、富贵、兴旺、福禄寿全。

水车堵灰雕

水车堵灰雕与彩绘

水车堵灰雕

陶作

陶作融合绘画、雕塑、烧陶于一体。彩陶运用于古建筑装饰，陶体图案以梅、兰、竹、菊为主，多置于墙堵、脊顶、规带、山墙、鸟踏、墀头、照壁等处。彩陶的内容大致为神话传说、民间故事、历史文学、戏曲人物。

陶作鱼形滴水兽

陶作凹寿装饰

对看堵陶作

陶作宝瓶栏杆

凹寿陶作

陶作屋顶厭胜物

翔安的曾山遗址发掘出南宋先民住宅，置于水车堵的彩陶砖工艺精致，雕工非凡。

剪瓷雕

剪瓷雕以剪花和贴彩瓷为主，其主要原料为彩色瓷片，通过剪料、粘贴等方式，在水车堵、屋脊或屋顶的造型上进行装饰，剪花多用在屋脊上，贴彩瓷用在凹寿内的对向堵及向埕堵上居多，内容多为象征吉祥的花草果品。其特点是经久耐用，历经上百年仍光彩夺目、历久弥新。

剪瓷雕的主要技法为“剪”与“粘”，是翔安古厝建筑上的重要装饰工艺，多用剪瓷与粘贴瓷花技法。剪瓷雕由泥塑与剪贴两道工序组成，首先以铁丝扎成骨架，然后以灰泥塑成坯模，在坯模的表面粘上各色剪好的瓷片、玻璃片或贝壳。如果剪粘人物头部，必须捏塑、上色烧制后方能嵌上。

宫庙屋顶剪瓷雕

燕尾脊剪瓷雕

燕尾脊剪瓷雕

水车堵瓷雕

剪瓷雕多展示于屋顶与墙堵的视觉焦点处，屋顶的脊堵、规带、印斗和水车堵等是剪粘装饰的重中之重。常见寺庵家庙的正脊或三川脊，习惯以珠宝、葫芦、宝塔搭配双龙；脊堵作双凤朝牡丹、麒麟献瑞、八仙过海、花鸟相依、人物坐骑等；重檐围脊兼作花卉、水草、鲤鱼装饰；堵头双作风狮爷、倒爬狮；水车堵则以文武戏曲人物的写实和表情传奇的演姿剪粘。

屋脊上的剪瓷雕

彩　绘

彩绘装饰题材和技法均较为自由，木作、墙体都可施彩绘，室内、室内外均有，传统的国画工笔重彩技法与水墨渲染技法并存，主要施于寺庵、宗祠、民居。

彩绘则多施作于大厅笼扇、梁枋、镜面水车堵和四周出运料灰线上。从材料使用上大致可分为油漆和矿物颜料。油漆彩绘一般用大漆，多施黑底或红底金面的彩绘，也常绘制国画作品，常见于室内木制门板、隔墙或梁柱。矿物颜料彩绘大多施于壳灰粉刷的墙体上，一般是凹寿墙、水车堵、规带等部位，主要用墨和土珠、土黄、靛蓝等矿物质颜料。题材则为山水、瑞兽和传统民间故事，以回纹等传统纹样装饰。

一、木作彩绘

传统木作彩绘均以大漆为材料，为防止木构件褪色或潮朽，匠师常在木构件的表面上，以桐油灰，用二层麻一层布，逐层加厚的技法进行施工，罩涂油漆，沥粉贴金，比如“中脊椽”上的“太极”八卦图，大门扇上的门神。油漆彩画过程中，浓妆艳抹，色泽的调配是关键。古民居建筑群内，各种形式的木作绘画随处可见，色有墨、彩、金，多彩斑斓。寺庵宫殿多施红色漆，宗祠家庙多施黑色漆，古人云“红宫黑祖厝”。许多木雕彩画均以白色作轮廓线，青绿调色，金色点缀。

老化的柱子显示出来的木作油漆工艺

描金漆画

大厅寿堂的人物彩绘

彩绘（书法）

中脊檩彩绘

木作书画彩绘

二、墙体彩绘

墙体彩绘大多用矿物颜料，在大厝抹灰的水车堵上，出“五层”下层灰线上、窗头堵中，凹寿大门两边和“对向堵”，勾勒定稿，绘以粉彩画，水车堵以蚝壳灰的自然白色为底色，可绘水墨山水、人物故事；在出层灰线上以靛蓝为底色烘托一组组的花边，花式多样，色彩艳丽；窗头堵多以黄色为底色，书写“安之居，和为贵”等名言。

清早期的古厝，内外装饰手法和形式较朴素，岁月无情，风雨侵蚀，除石雕、木雕保存相对完整能看出高超技艺之外，灰塑、彩绘、剪粘等暴露在自然环境中的构件老化损坏，或已不多见，规尾脊坠造型也极简单，如鱼尾、葫芦、圆圈。到清末民国初期，古厝装饰风格逐渐发生变化，极

民俗题材的彩绘

凹寿仿砖雕彩绘

文人画风格的彩绘

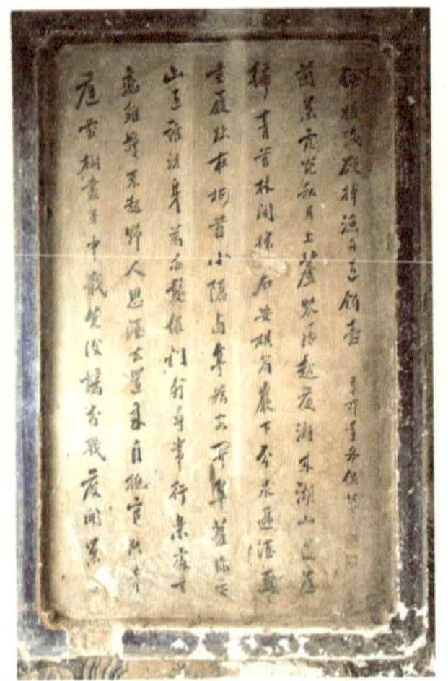

墙体上彩绘与书法结合

对向堵彩绘

尽奢华，手法多样，技艺日臻完美，细节不厌其详。能工巧匠掏空心思，各尽所能，主人也心甘情愿，倾囊而出，显的是技艺，露的是财力，这时古厝的装饰技艺达到顶峰。随着时间的推移，社会环境发生变化，城市化进程加快，加上人力资源等因素的制约，后建的大厝趋于注重实用功能，不过分矫饰，装饰技艺逐渐走向没落，二十世纪七八十年代建造的房子，更是如此，能工巧匠后继乏人。

凹寿水车堵彩绘

水车堵彩绘

墀头堵彩绘

翔安
第七章
古厝
的营建仪式

仪式是精神文明的实质体现，翔安人举行古厝营建仪式，彰显对生命尊严的肯定和呵护，也是对天人与物我的诚敬，讲究用谦卑而恭谨的态度。俗话说“有世世娶某，没代代起厝”[①]，营造大厝是百年大计，人们都会慎重对待，久而久之，从大厝选址到入厝乔迁，形成颇具特色的礼俗。这其中涉及风水学、民风民俗、民间信仰、非物质文化遗产等内容，本书尽量详细记录，力求真实、完整再现古厝营造的相关细节，读者自应取其精华，去其糟粕，弘扬中华优秀传统文化。

红砖古厝与绿色田园相互辉映

选址备料

翔安人勤奋创业，乐天知命，日出而作，日落而息，早期营造古厝会寻找龙脉厚实有格且能磐固家园的地块。“一阳居，二风水”，所谓宅地风水好，就是既能纳风，又能聚气，既能彰显祖德，又能福荫子孙。聚落与房屋的建造就要找寻这样的地理位置，故要聘请风水先生帮助择址定向，

① 有世世娶某，没代代起厝：兴建房子。每一代人都要结婚以延续后代，但不一定都营建房屋。娶某（cuǎ vô）,娶老婆；起厝（kí cǔ）。

依本乡里的山势龙脉，用罗庚盘定位，一般不坐正东或正西、正南或正北向，不管宅地大小，都要偏转一个角度，称“兼”，如“乾戌兼亥巳”。再择日兴工动土。择址多以家庙为中心向外扩展，“宫前祖厝后”是不适合营造大厝的。

营造大厝非常不容易，营造前主人要精心规划，请师傅估计大厝的规模，该用多少木、石、砖料。依据营造过程的先后顺序，需先备好奠基用的红料、石料、溪沙、红土、蚝壳灰等，所以宅地周围需要有较大的空间存储物料。

除了按风水学完成前期筹备工作，更要处理好邻里之间的关系，俗语“千元买厝，万元买厝边”，备沙石，可以堆放在宅地周围；有些不好露天堆放的，如木料、红料，就要借用邻里的房厝。营造大厝与其他日常营生不同，需要提早备齐物料，材料不齐，施工过程必然不顺，土、石、木师傅更是无法顺畅配合。

下三胎石

传统宅屋根据坐向的风水观念，依五行、八卦算出流年的吉利方位才能动土。居家兴建住宅，一般要经过三代人的财富积累方能实现，所以，必须找“三字利”或“四字明”的良辰与方位才开始进行。在翔安，建房动土时，要先在房屋宅址上顶落厅堂位置靠土地公牌位上，安放三块长方形石确，正中一块贴一张纸书写“福德正神”，左右两块贴上书写神符令。然后焚香祈祷：“日吉时良天地正，五方土地安自在。二十四山行大利，帮助宅主是应该……”而后，用铁钎自前落东南角、顶落西北角、顶落东北角、前落西南角的顺序沿屋址周围挖土，安放一张福寿金纸，称“已动土”。

动土之后，每月逢农历初二、十六均敬奉土地公，以求施工顺利，在宅地或屋角安放金纸，敬奉活动一直要到房屋建成后谢土方撤除。

奠基

奠基，俗称“踏基”，踏基是整个建筑动工的首要前提。主人按惯例备办三牲祭品、烧香拜佛，主要祭“地基祖”，安三胎符令，表明此地已属某某主人建居所之地，让一切邪杂、幽灵快快离开此地，今后得以安居清静，无疾、无忧、无患，大吉、大顺。在木匠师指导下，用高尺根据格式、寸白，用蚝壳灰粉画出整个平面图，亲朋好友、邻居均来帮助，挖好地基后，把已准备好的乱石头、三合土填实、夯平，最后砌上地平石。前落地平比后落低六寸，镜面墙地平再降九寸至一尺二寸就是门口埕。奠基当日，主人还要奉祀“挡境佛”，到宅地烧香点烛，摆上果品、礼物，以示安镇、驱邪、保庇人员安全、工程顺利大吉。

安门

安门是营造住宅的重要环节，人们视住宅大门的位置与外界关系神圣而不可逾越，充满神秘与向往，与生、死、病、苦脉脉相关。如大门冲路，《阳宅十书》有诗为证：“南来大路直冲门，速避行人过路人，急取大石宜改镇，免教后人哭声顿。”又《相宅经纂》记载：“宅之吉凶全在大门……宅之受气于口也。故大门为气口，以上接天气，下收地气，层层引进以定吉凶。”安大门时，务必选择良时吉日，师傅高唱安门吉语：

新安大门八字开，门当户对两边排。
楣上挂起状元排，招财进宝进家来。

每副大门顶部嵌入一块小红布，以示吉利，主人还要送红礼给师傅。门的规格尺度都要分清——后落大门、前落大门、房门、巷头门、东厅门、中堂门，要以鲁班尺为标准，如五架屋大门高度一般用六尺六或七尺二；九架前大门不超过八尺又五，内大门不低于八尺又五，叫作“七架不见五，九架不见七，房间不过丈”，窗门要小，否则耗财、虚损。

上梁

上梁是整座房屋建筑施工中最重要和最隆重的工序，也是良时吉日热闹的时刻。主人要备办三牲大礼，宰猪杀羊，挂大灯，放喜帖，贴门联“良时安基地生金　吉日上梁天赐福”，还要祭神，敬天公，一切事务由木匠师傅指挥，准备金花吊钱、剪刀尺、斗、米筛、春粟、大麦、五谷袋，奉祀福德正神、挡境佛公，剪麒麟图纸贴于厅堂，张灯结彩，亲朋好友，邻居纷纷前来贺喜、贺礼。

中脊梁要请丹青制画，锦上双凤牡丹，梁中画八卦，如有前落的，要画两仪卦，灯梁要画锦上添花图案，其安装位置和标准也有讲究：以大门“护垫”为中轴，双脚分内外站立，后举头向灯梁望去，灯梁要能遮住中脊梁、八卦位，则属吉位。

上梁一般选择在下半夜人们入睡时进行，首先必须请两名属龙、属虎生肖的青壮年男子配合，叫“龙虎会”。他们披红戴彩，分龙、虎两旁用红布条把中脊梁以头东尾西架起脊顶。

上梁时，首先主人应将供桌置放于厅堂中央的脊梁下，木匠师傅站在供桌前主持指点，主人把备好的三牲、果品、糕枣、金纸堆放在供桌，上梁物品以八卦居中对称排列，依次为十二个粽子挂、天斗梁灯、梁钱、五谷袋、插上金花彩伞的八卦布，这些上梁物象征房屋主人对“丁、财、贵”的企盼。待上梁时辰一到，主人带领全家老幼，穿上新衣裳，手持三炷香条，跟随在木匠、泥匠、石匠师傅后面，由木匠持香，敬请神明到位，念道：“焚香拜请盘古帝王、伏羲神农、文王周公、本山二十四位神、土地等神，弟子奉鲁班先师同来。前朱雀后玄武，左青龙右白虎。今日紫薇鸾驾到宫中，此梁吾造听吾断，凶神听见无处避，吉日排列在此间，诸位神君菩萨：某府某县某乡某里某社某姓某人，新建高堂大厦，专心诚谨，以牲礼、品物、蜡烛、香花致敬，恭请神灵，尤乞降临，庇佑弟子添丁进财，连招贵子，永赐鸿庥。”

请毕入堂。念《请酒歌》：

此本生在泰山中，今日取来做栋梁。
樽香美酒把梁头，子子孙孙千万古，
樽香美酒把梁尾，年年月月进万米，
樽香美酒把梁中，代代儿孙入帝宫。

嘉禾美酒上吉传，三怀以后酒礼全。
初杯美酒把梁头，荫盖儿孙出公侯。
二杯美酒把梁中，二十四山荫中利。
三杯美酒把梁尾，状元及第连科有。

念《点梁歌》：

日吉良时天地通，焚香拜请文昌公。
吾今朱笔对天庭，二十四山作圣明。
随我点，听我令，随我作，顺我行。
一点梁柱眼修明，六秀山头来进丁。
二点梁柱一点红，人才昌盛都兴旺。

柱梁中点二点红，居官进禄近帝王。
柱梁中点三点红，世世儿孙状元郎。

日吉良时梁眼开，山迴水聚旺丁财。
玉皇赐我文章笔，奉承诸梁众梁神。
点天天清，点地地灵，点人人长生。
一点梁头梁眼开，招财进宝日日来，
二点梁尾梁神来，子孙做官坐宫里。
三点梁中梁神在。子孙富贵数万代。

挂红绸：

新开红绸一片红，此日披挂厝完堂。
云开世代松竹茂，赐子高年题祖宗。
一张锦披首尾间，子茂荫庇终前来。
披挂中梁庄威严，子孙代代状元才。

挂梁灯：

梁上挂传百寿灯，代代儿孙做公卿。
厅梁挂起五仓兴，代代儿孙食天禄。
中梁挂起新米节，传得此宫万代兴。

唱献五谷歌：

一献东方甲乙木，荫盖子孙食俸禄，
二献西方庚辛金，荫盖子孙斗量金，
三献南方丙丁火，宅神土地进财宝，
四献北方壬癸水，荫盖子孙多富贵，
五献中央戌已土、一品当朝帝王侯。

撒五谷唱道：

一撒东方甲乙木，子孙代代食天禄。
二撒南方丙丁火，代代子孙寿到老。
三撒西方庚辛金，代代子孙受福荫。
四撒北方壬癸水，代代子孙多富贵。

唱毕，木匠手执朱笔，手拿宝镜，手舞足蹈，高声唱道：

此木原来身坐黄，住在溪山万丈长，
鲁班先祖取来做中梁。
吾不是凡间身，正是鲁班先祖人。
手执珍珠兔毛笔，点起龙眼日月明。
左眼开、右眼开，鲁班先祖赐吾来。
中梁是吾亲手做，听吾嘱语用在万万年，
中梁升起上高堂，子孙做官万代长。

最后笔换宝剑，取鸡血念道：

良时吉日天地开，鲁班先生赐吾来。
右手执斧左手鸡，此鸡非是平常鸡。
凤凰食金鸡，金斧希出金鸡血。
点起梁头上天祈福禄寿全归。

进梁把酒：

天天阴阴龙门开，一条正梁真高木。
吾奉仙师来架造，架起此殿为高堂。
梁头把盏一杯酒，百子千孙兴旺久。
梁尾把盏一杯酒，招财进宝日日有。

梁中把盏一杯酒，状元及第连科有。

今日鲁班先师助我进、进、进、进。

此时，站于墙上的两位龙虎生肖青壮年，立即升起中脊梁，木匠行礼完毕。

紧接着，只见泥水师傅，手执宝镜、朱笔照样手舞足蹈，口中念念有词：

一点鸭血一点金，此地正来龙，
二点鸭血二点金，代代子孙出公卿。
三点鸭血三点金，状元及第代代兴。
四点鸭血四点金，招财进宝万人丁。

接着朱笔换宝剑继续念道：

伏仪日吉时，良辰天地开，
正是九天玄女赐吾来。
赐吾左手执宝剑，右手抓乌鸦，
此鸭非是人间鸭，乌鸦晓晓奏天门，
千门万户左右分，手捧宝剑取鸭血，
良时上梁万年春。

祭后，进行撒五谷，边撒边念：

五谷撒东方，东方甲乙木……
五谷撒出去，千灾万祸尽消除。
五谷撒入来，合家平安添丁又进财。

最后，由打石师傅点砛，同样口中念念有词：

点天，天晴；点地，地灵；
点山，山来龙；点水，水朝堂；
点人，人兴旺。

一切礼毕，全家大小一起叩拜天地，谢四方扶助之神，敬天公、福德正神，放鞭炮，庆祝上梁吉庆。当晚，举行隆重宴席，木匠等三位师傅应奉为左上席大位，亲朋、好友、邻居纷纷前来应席，热闹非凡。

封规合脊

泥水匠完成大厝屋顶的垂脊（规带墙）砌筑，将中脊由两端向中间合拢，表明屋顶主要工程即将完成，两者工序统称“封规合脊”。封规合脊由风水先生择个良时吉日，主人阖家子孙上屋顶，厝主执香条礼拜土地公，

辉煌气派的红砖建筑

泥水师傅于子夜时辰，将一个小风炉置入中脊中央，连同主人事先备好的五谷、铜钱、韭菜、芋头、铁钉、灯芯、白酒、犁头銑等十二项合脊物，而后由厝主烧金纸祈福。

做灶

民以食为天，做灶是宅屋盖好尚未“谢土”之前，也是入厝前最后一道必备的工序。灶的坐向必须配合有利之年的方位，以坐北朝南为主，才可以营造。做灶要依据节令，避开春季。做灶先要“下灶底”，在泥匠指点下，将十二项物品铺放于灶底面下，然后在灶的四个角落置放金纸钱，主人再于厅堂“司命灶君”神龛前备三碗“糯米红圆”，上香祈祷，烧上金帛。倘若新屋还未安案桌与神龛，此仪式就在灶房内举行。

有家必有灶，灶火越旺则家丁越旺，故灶座一定要置在龙边的位置。

建造中的灶台

入厝仪式

早年，翔安人家宅落成，乔迁新居称“入厝”。厝主择个良时吉日，祭祀天公、土地公、地基祖等神祇。在新建的房屋内外、大小门框上贴红对联。然后将摇篮、轿椅、家禽（专指母鸡和鸡仔）、镜子、大米、柴火搬进屋内，再用红布包“五谷六斋”及剪刀、尺子、铜钱等物，系在脊梁上。主人带领全家大小同行仪式：主男背犁；主妇戴鼎；儿子提灯；女儿或孙辈挑五谷、碗盘、筷子等，日用品物应有尽有，热热闹闹喜迁新居。全家人跟着师公后面，一踏进大门就高喊“发啦、发啦”。紧接着，主妇进厨房生火，煮汤圆，敬天公。

山间云雾缭绕的古厝

第八章
翔安古厝的民间信仰

长期以来，地理先生和地方乡绅一直是风水的诠释者、缔造者和提倡者。翔安人营造住宅，为了避免不测之灾，建房前后要举行祈禳仪式，产生不少冲煞与禁忌。

营造中的冲煞

大厝建好了，周围环境不断发生变化，家中遇到什么不如意的事情，主人往往想到大厝是否犯“冲”。

一、路冲与巷冲

路冲、巷冲指房屋位于村巷尽头，如丁字巷的尽端，窗口、房门对着路口或巷角，建在这种位置上的房屋，风不顺，水不利。丁字路口的房屋易受盗贼打劫或遭车祸，翔安民间阻挡煞气办法是在门口挂八卦镜或立石敢当。

二、门户对冲

两家门户宅院相望，门户相对，必然引起厅堂神位对冲，家中供奉的福德正神与列祖列宗“大眼瞪小眼”，这种阳宅会发生许多不如意的事件，譬如人丁不旺、横祸不断、求财不得。

三、门柱与柱状物对冲

修建的阳宅大门、巷头门禁忌与对面的柱子、大树、电线杆、旗杆、

巷口石狮

烟囱相对，遮挡视野，有碍观瞻；会产生心理阻碍，进而破坏风水。破解的方法是，在房屋的门楣上钉上一块八卦牌。

因此，阳宅大门禁忌冲对路口，大门不冲直路，否则俗称“犯路箭”；大厅禁忌对别家的门窗、烟囱和屋角。大厝的厝角不冲前后房中，古谚“厝角冲房，有人倚甲没人”。

营造中的禁忌

大厝营造过程中，有许多禁忌是主人不得不考虑的，大多要避凶趋吉，讨个吉利，讨个心安。

一、安三胎石的禁忌

主人急于兴建房屋，宅屋的方位与坐向又不合利年，奠基时，先“寄利”，暂时不安“三胎石”，就开始动工兴建，但必须于厅堂后墙基正中预留三个小洞，以沙填没，等到方位与坐向符合利年才清出沙子，安上三胎石。

二、天父压地母

天父指中脊椽内高，地母指厅堂面阔与进深。天父压地母，意思是大厅的高度一定要大于面阔。自古相传天父压地母是“天包地”，不宜“地包天”，否则阳宅建筑凶多吉少。

三、地平层次

翔安古厝地平分为三个层次，自后落到前落，由高而低，依序为后落、榉头、前落、深井、门口埕，忌前高后低。后落地平高于榉头和前落六寸，前落与榉头同高；深井最低，低后落一尺二寸；前落从镜面墙外开始降九寸至一尺二寸为门口埕。

四、深井出水

大厝深井为聚财之地，雨水汇聚于深井，让水排出大厝外也要讲究。深井的排水沟俗称“涵孔”，深井的涵孔排水沟宜弯曲，忌作直沟直接排水或使其横流。深井出水要根据大厝的坐向和厝字相生相克，出水口大多修建于龙侧，即深井左侧。放三个涵井出水，涵井用尺二砖和颜紫砌成，上面盖有孔的砖。具体出水要按地理师的安排进行。

深井出水的涵孔（室内）

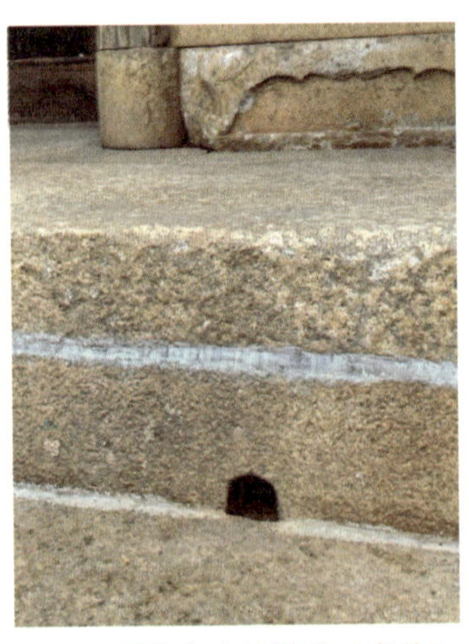

深井出水的涵孔（室外）

五、间架禁忌

古厝间架，单数为传统，一直沿袭，如七架厝、九架厝、十一架厝。架数为双数，闽南语“双”与“伤”谐音，听起来语调不吉祥。实际上大厝以中脊椽为中心，前后安排对称的几付椽，自然也就形成五、七、九、十一、十三……的单数。

六、木构件方向的禁忌

古厝制作木构件时，要根据杉木本末，水平构件，如脊椽，以根部朝“龙边”，梢端朝“虎边”；通梁则以房屋坐落而定，属坐北朝南者，稍端朝南；属坐东朝西者，稍端朝东。柱子、瓜筒、吊筒等垂直构件，必须依原树木生长方向，木梢朝上。

七、寝室禁忌

床位忌对房门，寝卧时脚忌朝向门口。

八、子孙巷寸白的禁忌

阳宅大石砱外沿与榉头墙壁的距离，称“子孙巷”，其距离最佳为三至六寸，与大厝的架数有联系，架数越多，子孙巷距离越大。

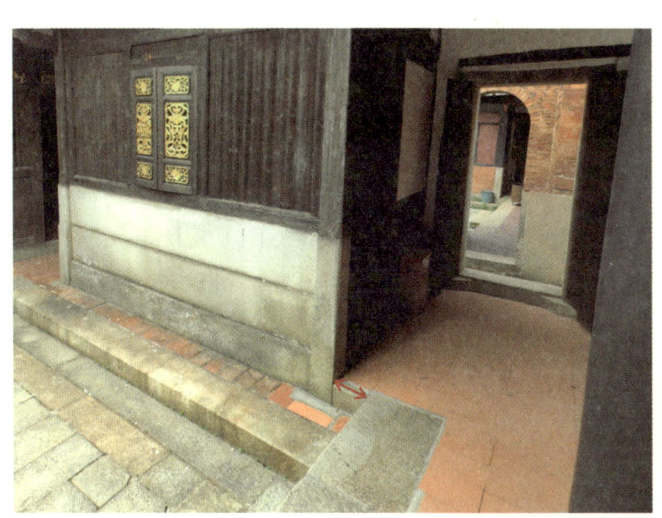

子孙巷宽度示意

九、灯梁方位的禁忌

祠堂与民宅的灯梁是祭祀和典礼仪式的象征，大门则是夫妻和合、繁衍男丁象征。以风水理论而言，灯梁不可以位于“四房看厅”的前房门上方，否则“出门冲丁”；灯梁不可正对在中脊椽的下面，否则不吉；灯梁与中脊、门楣三者必须连成一条直线，称“三元及第”，人站在门槛上不能看见中脊，否则“见梁”。

灯梁位置

营造中的辟邪厭胜物

翔安自然村落中随处可见辟邪和厭胜物。这些辟邪和厭胜物，助人趋吉避凶。村外的入口处有镇五营的令旗，以想象中的天兵、神将为驻守；村中有风狮爷或风鸡咬令箭和大榕树；濒临水涘的地方有水尾塔，有水尾宫里众神，有墩台的阻遏；屋埕外有照墙，犯有路冲的屋墙中有石敢当；大门的墙街楼上有八卦砖、犁头尖、刺球，门楣上有八卦图、照妖镜与各种符咒，大规壁的脊坠中有葫芦、螭虎与饕兽，墙角下有石头符，屋墙中有木符，屋顶上有黄飞虎，屋内的墙上有桃木与柳枝，梁上有八卦、大黑符和太极图。家庙门神绘在大门上，老虎画在厅堂中。长案桌上有神龛里的观世音与众神佛的坐镇和祖龛里历代祖先神灵的庇佑。为了安身立命，人们在家的里里外外设置层层环护。

宗祠两壁贴“剪刀符”，宗祠是宗族活动的场所，供奉着祖先的亡灵。翔安习俗，显考老人在祠堂举办进牌仪式，神主置于祠堂神龛里，周年忌日及逢年过节“做功德”也在祠堂举行，因此“剪刀符”非贴不可。这些辟邪和厭胜物都要经过一定的仪式才能发挥作用。道士或法师施作的时候，先要用庙里的七星宝剑斩白鸡的鸡冠采血，或割破自己的舌面取血，然后用朱砂笔沾血点化物件，或直接以舌血沾舔辟邪和厭胜的物件，口念咒语“左眼开，右眼开，招财进宝入寺庙。开左耳，听四方，正是日月一般同。开右耳，听得是，添丁纳福来闾里。开神鼻，知香味，弟子吉庆多祥瑞。开神口，食天禄，弟子富贵居财图。开左手，护阳间，弟子四时无灾难。开右手，庇本境，弟子八节有余庆。开神肚，心如一，彰善贬恶无差移。开左脚，降福祥，腾空驾驭信无穷。开右脚，垂德泽，往来变化诚莫测。开背后，镇庙中，庇佑村中各兴隆。开光已毕神自在，神若自在具安排。左眼光，右眼光，左眼看闾里，右眼看英才。神眼日月一双开，千祥万福入境来”，以点活物的灵性。

各种辟邪和厭胜物的种类可分为下列数项：

人物——门神（神荼、郁垒、秦叔宝、尉迟恭、韦陀、伽蓝……）、黄飞虎、钟馗、军将爷、五营头、石将军……

动物——麒麟、风狮爷、风鸡……

植物——一切有针刺的如各类仙人掌、麒麟花，或民俗传说中具有驱邪作用的植物芦荟、桃木、柳枝、艾草、葫芦、榕树、蒜头……

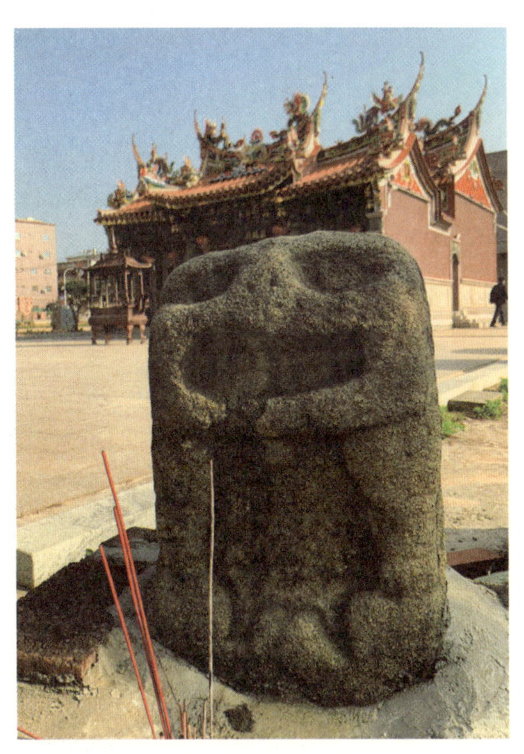

村口风狮爷

山水自然 ——泰山、山海镇、石敢当……

庶物 ——照妖镜、八卦牌、犁头尖、麦梳、网……

法器 ——太极、两仪、八卦、朱砂笔、七星剑、桃木剑、鲨鱼剑、宝塔、木鱼等。

符令 ——木符、竹符、砖符、石头符、罐符、令旗等画有图文的符令。

门楣上的犁头尖

东界雷公电母石柱

门楣上的八卦

嵌于墙上的兽首

位于屋脊的压胜物黄飞虎

彩绘门神

墙上砖符

翔安的典型
第九章
古厝

翔安典型古厝可分为宫庙、宗祠和民居三大类。宫庙是集腋成裘建成的，碧殿丹垣，装饰奢美；宗祠是聚族人之力而建的，虽然大多比不上宫庙富丽堂皇，但也都会使用木雕、石雕、剪粘等工艺。民居营建则充分显示主人的地位和财力。

宫 庙

翔安有一百多个村庄，分布着大大小小的宫庙，除官建的城隍庙、文武庙和名山胜景中三开间的香山寺、出米岩庙、大士寺、甘露寺……还有很多一开间的七架、九架庙宇，最小的当属土地公庙。宫庙规模不一，外观的装饰上极尽奢华，石雕、木雕竞技斗巧，剪粘、彩绘不厌其烦。

一、马巷城隍庙

马巷城隍庙位于千年古镇马巷街三乡里（现为翔安一中高中部南侧），清乾隆四十年（1775年），析同安的民安里、翔风里、同禾里的五、六、七都设马巷厅，辖现在翔安区和大小金门。按清朝祀典：“凡有地方官住

城隍庙主庙

所地，必须建城隍庙、文武庙、妈祖庙及保生大帝庙，为地方官员朔望拈香之所。”时任通判万友正依制建城隍庙于马巷孔沟路头，是清代马巷建厅的标志。嘉庆十二年（1807年），迁此重建。1933年废圮，1989年至1991年重修。

城隍庙大门

马巷城隍庙坐东朝西，面阔三间，分为前、中、后三殿，前为过殿，中为凹形门廊，设大门及两侧边门，前殿门廊为清代石构墙裙、柜台脚，墙堵镶嵌对称的花岗岩麒麟纹浮雕石板、龙凤牡丹纹枋板，青石窗以龙凤牡丹纹透雕，纹饰繁缛，大门石柱凹刻楹联。前殿建筑模式为门楼式屋顶，歇山顶，燕尾脊。各殿之间以深井隔离，深井两侧为六檩卷棚顶亭廊，屋面均以黄色琉璃筒瓦铺设。中为

配套庙宇

主庙前落屋顶

主庙山墙

庙内十八司官

屋顶剪瓷雕装饰

大门口石雕和木雕

拜亭

泥塑和彩绘

正殿，殿堂大厅宽敞高大，殿内供奉城隍公、十八司官和注生娘娘；后殿亦为厅堂，供奉观音菩萨。中、后主殿大量运用彩色陶瓷、琉璃堆贴、壳灰堆塑及夸张翻卷的燕尾脊装饰屋顶，正面的显要位置，泥塑出屏风状的背景，正殿屋面背景为人物坐骑的武场题材，三殿为山水楼阁的文场题材，甚考究。

二、甘露寺

甘露寺位于翔安区大帽山农场北面，海拔四百多米的观音山南麓。始

甘露寺外貌

建于唐代，相传修建时遍山松竹皆滴甘露，故名。原为三落硬山布瓦顶砖木结构，前有尼姑庵，中为大雄宝殿，后座为观音堂，上下寺九十九间，总建筑面积一千三百平方米。庙宇鼎盛时有百名和尚，后毁于战火，历经数度兴废。明末中兴祖师无疑和尚鸠资重修，为二进三开间，深井加拜亭的宫殿式石木建筑。寺中原悬有宋末宰相陆秀夫的魏体寺额“甘露禅寺”和明大书法家张瑞图的木刻楹联，惜已毁佚。二十世纪八十年代，在原址重修逐复旧而新之。这本来就是明代建筑典型的风格，经过重修后，又添加工艺精细、丰富多彩的石雕、木雕、剪贴等装饰，诸如青石上透雕的各种戏曲画面，木雕上的禅寺神祈故事，把跳跃于书卷的文字逼真地呈现在方寸空间，如此细节成就甘露寺的古典之美。前、中两殿之间以方亭相连，建筑面积庞大。前殿面阔三间，正中三川门，青斗石雕门面及龙柱，硬山顶，双燕尾脊。后殿为大雄宝殿，硬

开山无疑师塔

甘露寺屋顶装饰

山顶，燕尾脊，祀奉三宝佛祖、观音菩萨。寺内方亭两侧小深井保留着小卵石散水遗迹。

清初，同安梵天寺住持高僧无疑率徒清理同安屠城后的积尸建“同归所”，善声远播，他为避清兵遁居甘露寺并圆寂于此。其后僧众于右山坡安放无疑禅师的舍利塔，塔他为圆形莲辫纹基座，塔身呈宝瓶状，上镌“开山无疑师塔”。

三、香山岩寺

香山岩寺坐落于香山南面山腰，始建于南宋建炎元年（1127），庙宇原坐西朝东，明洪武九年（1376），清水祖师显赫，僧人提议，庙宇重建，改向坐东朝西偏北，历经沧桑兴废，清代再修，前后两殿，不事奢华，简洁明快。

前殿面阔三间，中立墙分隔出前后檐廊，抬梁式梁架，明间高出两次间，明间为歇山顶，次间为硬山顶，明次间均为燕尾脊。寺门楣之上高挂“香山岩”鎏金巨匾，两侧楹联“香宇森严清水慈济防患御灾赫赫英灵昭日月 山门壮丽祖师善利降祥来福巍巍厚泽派乾坤”，写状清水祖师慈济善利、显赫神灵如日月昭著、恩泽荫庇天地之功德。前殿门前两侧嵌有清同治五年（1866）二十四孝题材、刀马人物故事及青龙、白虎等纹饰的辉绿岩浮雕石板。

香山岩寺全貌

后殿为厅堂，抬梁式梁架，飞檐翘脊，雕梁画栋。后殿有文形、覆盆式石柱础及方形、菱形石柱，其中檐下菱形石柱还题刻捐资修建弟子落款文字，寺内有一方明洪武九年（1376，丙辰）建僧舍的阴刻楷书门楣石板，字迹清楚。

前后殿之间深井各凿方形丹池一口，引山泉流通庙前的放生池，时光淘洗，流水不腐。寺前修筑广场和日月池，通道旁立有清代莲花石柱、石狮柱及一对元明时的旗杆石。

寺外石经幢

寺庙石雕、木雕

寺庙大门

寺庙主殿

在香山岩寺左侧，有“徽国文公祠”，亦名“香山书院”，奉祀朱熹，“徽国公”乃朱熹的封号。该祠始建于明正统英宗年间，时任同安县令朱徽，为颂扬朱熹才学而题名。古往今来，香山岩寺视野深阔，周边独特地貌和气候塑造出山水、岩石、林卉并茂的景观，宛如悬空，构成绚丽多彩的画卷，为寺庙一大胜景。时逢庙会，香山岩寺庙宇重光，香火鼎盛。善男信女、男女老少快乐地来到这里，带着幸福的记忆离开。

寺庙屋顶装饰

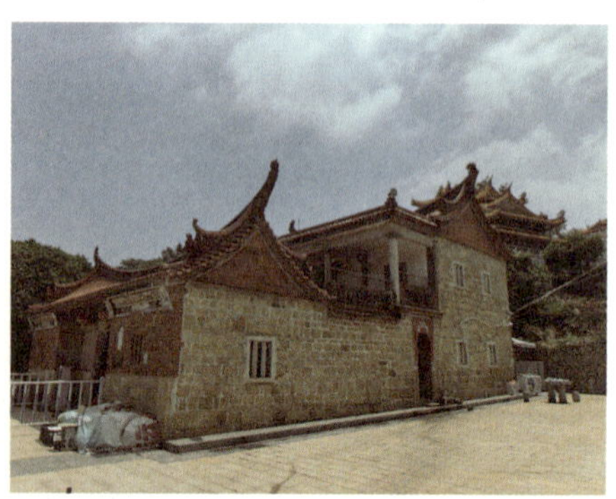

徽国文公祠

四、大寮灵宫

大寮灵宫位于翔安新圩镇大帽山农场后炉村，背负高峰寨，面襟东大帽山，殿前有楹联“大寮后脉高峰寨 宫庙堂朝大雾山”“大寮崇龙地脉旺 雾山堂水显神通”，准确交代其地理。宫庙坐北朝南，如神虎坐山，绿树掩映，云烟缭绕，殿前有“龟蛇把水口”之胜迹，环境优美绝伦。有水泥路和盘山公路直达宫口，这里自古就是观光旅游、朝拜进香的圣地。

大寮灵宫

据说灵宫始建于北宋太平兴国年间，原为小庙，奉祀的神圣已不可考。明代中后期，小说《封神榜》《西游记》广传民间，姜太公封正神，在民间广为奉祀。传说大寮原住许、沈两姓商户，有一次，他们结伴到山西省经商，到了浑源县翠屏山，天色已晚，前不着村，后不着店，只得投宿在山上的哪吒行宫，在太子灵前祈求庇佑途中平安，生意顺利。当晚梦见一个小孩要求跟他们一起回同安。醒来回忆梦境，所梦略同，颇感奇疑，就在灵前掷杯问卜，连掷“三圣”，证实是哪吒所托之梦，他们就把哪吒像迎回家，翻建小庙，奉祀为保护神。那一天，许、沈弟子到马巷亭洋唐厝港购买杉木。老板惊讶异常说，一大早就有一个小孩来挑选购买了。始悟为哪吒化身亲临选购，大家对太子爷的灵威感叹不已。清顺治康熙年间，郑、洪两姓相继迁入，许、沈外迁。郑、洪沿袭管理灵宫，信仰太子爷。当然这是造神者的假造冒托。

顺治五年（1648）八月，同安城陷，枕尸塞路。三秀山和尚无疑出自悲悯之心，亲裹尸抬而聚化之。事后无疑为避清兵追查，隐匿于甘露寺。但清兵还不罢休，派兵搜山，祸及后炉村民众，正当危急之际，浓雾罩山，伸手不见五指，清兵无法进山清剿，避免了一场浩劫。村民中传说开来，是哪吒耕云播雾，拯救黎民。清乾隆年间，马巷井头村威名显赫的“三朝宠锡、四省提宪、五任总戎”林君陞，少失怙恃，贫困潦倒，四处浪迹，往上埔一带挖“番薯样”渡生[①]，曾投宿在灵宫里。相传太子爷慧眼识良驹，

① 番薯样(fān zǐ yniū)：遗留在地里发芽的地瓜。

知道林君陞是一员虎将，便显圣为他牵红线，使他与当地郑员外（后炉三世祖）千金梅娘成婚。太子爷的香火也随台湾总兵林君陞在台湾落户。林君陞衣锦还乡，重修庙宇，把灵宫修成现存规模。

灵宫数度沧桑，几经风雨，1952年星侨洪玉践回乡省亲，独资修葺灵宫。1994年，其子洪金宝又重饰哪吒金身。后因风雨侵蚀，柱梁蛀坏，墙壁剥落，郑、洪耆老聚仪重饰灵宫，善信闻风而动，南安下房社华侨也汇来巨款，集腋成裘，轮奂聿新之堂于1999年告成。

灵宫现为二进天井加拜亭宫殿式砖木结构。主殿为歇山式建筑，绿色筒瓦复其顶，屋脊呈卷棚弧形燕尾式飞檐，弯月起翘，如紫燕凌空，显得轻巧灵动。屋脊雕九化龙，麒麟奔走，凤凰展翅图案。后脊岭饰双龙拜葫芦，前脊岭为双重式，饰双龙戏珠，六条神龙呈伫立式，张牙舞爪，活灵活现，大有腾飞欲出之势。这些都用剪瓷粘贴而成，长年风吹雨晒，颜色鲜艳不变，前落正面镶嵌青石影雕“双龙戏火球”及“双凤朝牡丹”。大门彩绘秦叔宝、尉迟恭门神，两旁楹联是“五保乡圣地千秋在 三太子威灵万世存”。

殿内的木石均精雕细刻，巧夺天工，山墙壁画彩画《三国演义》之折子戏。四点金青石柱楹联书“大寮宫英灵万世 李太子显赫千秋”和“明殿庄严三坛镇境 应显威武广大神通”。正殿供奉哪吒太子，两旁楹联书“手提紫焰蛇矛宝 脚踏今夏风火轮”。太子爷脚踏风火轮，右手套乾坤圈，左手提火尖枪，腰束红绫兜，飒爽英姿，威武庄严，神像雕刻细腻，表情丰富，在香烟缭绕中傲然挺立，令人肃然起敬。龙边是福德正神，虎边是注生娘娘。

台胞及侨胞信仰的神祇不少是从闽南分炉的，分炉途径有多种，翔安民众移民海内外，携带家乡宫庙神像、符令分炉，如新圩上埔村星侨洪玉践之上辈为祈求渡海一帆风顺，随身带去灵宫香火。后来发迹了，在星洲建庙分炉；将军平台，携带香火庇佑征途顺利，如林君陞乞太子爷香火赴台，后在台湾分炉；郑成功驱荷赴台时，有不少军民留台垦荒、定居，后来在所居地建庙分炉，还有间接分炉，如在晋江、南安分炉三十多座，南安下房的台胞又在嘉义市建奉行宫祀太子爷，托下房的亲人查到祖庙灵宫，汇款前来添油。大寮灵宫远播嘉义、彰化、台北、台南等地及东南亚的新加坡、马来西亚诸国，都建有宏伟美奂的哪吒太子爷庙宇，据不完全统计有九十多座。

近年来，台湾及海外各地的太子爷庙宇，不断派人前来寻根朝圣。进香促进民俗交流，增进海峡两岸、东南亚诸国万千太子爷善信的亲密情谊。

宗祠

宗祠，翔安人俗称为“家庙”“祖厝”。宗祠是同姓族人祭祀祖先的场所。比如，内厝镇新安村田中央自然村，村庄不大，却杂居陈、黄、柯等姓族人，有三座独立的祖厝。众所周知，不同姓氏族群兴建自己宗祠的规划、布局、营造、装饰，特色各异。

一、古宅黄氏宗祠

闻名厦门的古宅黄氏宗祠坐落于古宅村中部，始建于明嘉靖三十三年

古宅黄氏宗祠

大门口装饰

木雕

边门

外墙出砖入石

（1554），清光绪年间重修，二十世纪五十年代再修。坐东朝西偏北，形制为三进、三开间、三川门建筑，前观宝塔山，后枕虎头山，左宏钟，右石船，中部为宽大的深井及两侧廊道，前落面阔三间，进深二间，前部为四柱通长檐廊，正中三川门，青石雕抱鼓石，两侧边门，门前各安放门枕石。大门两旁裙堵上置方形漏斗窗，五步台阶，背部为廊道，中门上方悬挂“七派诒安”匾额，抬梁式梁架，硬山顶，双燕尾脊。后落大厝为厅堂，穿斗与抬梁混合式梁架硬山顶，燕尾脊，厅堂正中安放一座清代漆金神龛，非

石雕

宗祠大厅

常抢眼的是厅内悬挂的“文魁”“武魁”“明经”“举人”“奋力将军”等匾额，仿佛笑口诉说昔日家族显宦辈出的荣耀。

此建筑为土木、砖石结构，清代建筑风貌。正门台阶以灰白花岗岩条石砌筑，鹤鹿纹石雕墙堵、纹饰墙裙、夔龙纹抱鼓石等。两侧外墙具有闽南古建筑风格，北墙从下至上为石块墙基、“出砖入石”墙、箱形砌法的红砖“斗子墙”。南墙由大块卵石墙、砖瓦混砌墙及“斗子墙”组成。“出砖入石”墙，寓意子孙枝叶繁衍，如砖瓦片数不胜数。此建筑是明代保存下来最经典、最完整的宗祠。

二、前浯郑氏家庙

位于前浯社区沟西前中的郑氏家庙，始建于清光绪元年（1874）。坐北朝南，前后两落大厝，面阔三间，总进深三间。前落大厝前部为横向檐廊，中为凹寿，开设大门及两侧边门。郑氏家庙以前落横向通厅，抬梁式梁架，明间屋面抬高，插梁式五座架，九脊顶屋面；中部为前后双层深井，两侧长条双亭廊；后落为大厅堂，前部横向宽檐廊抬，抬梁式梁架硬山顶，燕尾脊。

石雕技艺精湛，极尽考究，前落大门两侧饰以麒麟石雕板，正面墙堵的白色花岗岩长方形浮雕石板与青色辉绿岩圆形漏雕窗相互衬托，石雕题材为“平平安安”“喜上眉梢”“太平有象”，大门边螺纹花鸟纹抱鼓石、深井四周及后落大厅内的各种方形、鼓形、菊瓣形石柱础，变化多样的造型和纹饰显示出古代工匠丰富的想象空间和高超的石作技艺；木雕漆金彩绘，格外奢华，门廊上漏空垂莲柱、双龙雀替，前厅、后厅额枋、柱间铺

前浯郑氏家庙

家庙镜面

檐下木雕

镜面石雕

作的圆雕狮、象、羊、鹿四兽，梁枋梁巾、坐斗瓜拱上也施以人物故事、山水亭阁、鱼虫鸟兽等精雕细琢，繁复华丽。

此建筑规格及装饰为厦门祠堂所仅见，但年久失修，盗贼光顾，日渐损毁。

民居

翔安典型民居分散于各个村落，有百年以上的历史。较为考究的民居大多由衣锦还乡的侨胞兴建，彰显其富丽堂皇。规模各异的民宅映衬出各自独特的时代建筑风貌。

前落镜面

一、金门县政府旧址之国民党党部

抗日战争时期，该民房为金门县政府国民党党部。此座古厝位于大嶝街道办事处田墘社区田墘南里，始建于清末民国初期，两进院落，中央深井，两侧榉头，前落中为凹形门廊及门厅，两侧厢房，正面墙裙由板石砌成，硬山顶，燕尾脊。厝身榉头间加盖角楼，前有女儿墙、石埕。下厅两

金门县政府旧址之国民党县党部全貌

两落高挑的燕尾脊

集泥塑木雕彩绘一体

大厅展步笼扇

侧版筑用漆金书画装饰，凹寿两侧身堵饰以陶瓷花卉，镜面墙以六角形红砖拼贴，垂花栱、水车堵施以泥塑图案，窗堵用进口瓷砖装饰。大门设置三副防盗阻挡门，外侧瓜柱门臼。后落中为厅堂，大门四周为木制看架，穿斗式梁架，墙体土砖夹砌，脊堵内剪瓷花卉和灰塑吉祥纹路，脊斗两侧各泥塑一尊风狮，规带两侧各铺筑五条筒瓦，中间板瓦屋面。楣上悬“燕翼贻谋”泥匾，寓愿后裔犹如燕子口衔淤泥，翼夹稻草，常年回南方垒窝筑槽，回故里繁衍生息，建家立业。此建筑前落屋脊及前落房曾在抗战和“八二三”炮战期间，两次被炮弹击中。

开嘴厅的屏风

水车堵

2012年，这座经过规划修复后的古厝拂去百年的风尘，焕发光彩。

二、吴祝庆、吴神赐古厝

翔安新店街道霞浯社区印尼华侨吴祝庆、吴神赐古厝，建于民国五年(1916年)，是前后两落，两边护龙，厝前有庭院，前落面阔五间的古大厝。

此建筑体量庞大，梁架跨度宽阔，深井四周围绕宽大檐廊，大厝前部分檐廊的两端建有小阁楼及小方亭屋顶。大厝复杂的屋顶造型和黄色筒瓦屋面颇有特色，装饰华丽讲究，从砖石木雕至泥塑绘画看，整座宅第仿佛每日都在上演着人生大剧，是闽南富甲一方红砖民居的典型代表。前落正

主厝加双边护镜面

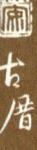

带瓦筒的风楼

镜面水车堵

燕尾脊

大通随木雕

室内梁架及档墙板

面墙体是古厝的门面，下部为白色的花岗岩墙裙和“柜台脚”，上部为密缝拼接的锦地红砖墙堵；凹形门廊四周墙体的石雕最精彩，从下至上，以素面的白色花岗岩为地，嵌以细腻的青色辉绿岩石雕，清白相间，典雅高贵，底层青石雕为高浮雕龙纹、花鸟纹、狮兽、案几纹的墙柱柱础、勒角、柜台脚，中部镶嵌的长方形清板石，以阴刻、线刻或浅浮雕表现人物花鸟、钟瓶鼎彝、词句对联等，犹如书画，顶部为带状的高浮雕及镂空透雕，戏曲故事人物穿行其间。精细的漆金木雕集中施加在门廊和檐廊上方的梁枋、古厝厅堂的梁架斗栱上。此外，屋檐下的“水车堵”内有彩绘泥塑、“交址陶”，屋脊上有彩色瓷片，宛如盛妆美人的裙边装饰，色彩斑斓，绚丽多姿。

安金木雕

青斗石雕

三、陈期盘、陈期杆古厝

翔安内厝镇曾厝村华侨陈期盘、陈期杆古厝建于清宣统二年（1910年），古厝坐西朝东，前后两落，中有深井，厝前有砖埕庭院，两侧院门。前落面阔三间，中为凹形门廊及门厅，两侧厢房，抬梁式梁架，硬山顶，燕尾脊。

陈期盘、陈期杆古厝建筑为土木、砖石结构的红砖民宅，属庞大富庶

两落带偏大门

燕尾脊

墙街花窗

的大家族建造多庭落大型古厝。集中运用闽南民居多种多样的修饰手法，前落门廊两侧运用石青和酱红彩绘“平安鼎盛”“富贵牡丹”图案；寓意吉祥，对比强烈，上有“庚戌年”落款；屋檐下的水车堵上，彩绘泥塑三国人物刘备、关羽、张飞三顾茅庐故事及山水、锦地花纹等，色彩鲜明，形象生动，富于装饰；屋顶脊座上的彩瓷片剪粘花卉，隽秀精致，五彩缤纷；后落大厝的石柱础浮莲荷花纹，生动自然；古厝的漆金木雕运用较广，如前落门廊檐枋上的龙纹替木，后落廊道檐枋上的垂莲栱、展翅飞鸟、盛开花卉、太狮少狮、瓜形坐斗，古厝内部雕饰的花瓶纹、人物纹、花鸟纹、几何锦地纹等门扇、隔扇、笼扇、槛窗、柱头、梁座等，采用线刻、阴刻、浅雕、浮雕、圆雕及镂空雕刻等多种技法，手法精湛、线条流畅、构图完美，雕琢有花鸟虫鱼、戏曲故事、山水人物等，集实用与装饰于一体，互为衬托，千变万化，构筑出富丽堂皇的居住空间，高雅别致。这种巧、美、秀、雅的古建筑风格，为翔安少有，令人称绝。

带彩绘装饰的偏大门

室内精美木雕装饰

四、许宗森古厝

翔安马巷街道后许社区越南华侨许宗森古厝，建于清末，为前后两落燕尾脊大厝，屋顶瓦将军骑狮立于正脊之上。

此建筑为土木、砖石结构的红砖民居。前落门面浓妆重彩，从下至上依次为花岗岩柜台脚和墙裙，红砖墙堵和蚝壳灰地彩绘，檐下“水车堵”和“墀头”的山水风景、人物故事、飞禽走兽等彩绘纹饰，形象逼真，独具特色。门厅梁架上的飞鹰及人物故事等木雕精雕细琢。后落廊道宽敞，正面为红、蓝色拼砖锦地花纹和白地彩绘鹿纹，檐柱梁架的木作结构体积庞大，雕琢繁复，在檐枋、替木、坐斗、挑檐枋等构件上，

古厝全貌

镜面墙柜台脚

精美木雕

室内梁架及木制档墙板

大通随木雕

运用镂雕、圆雕、阴刻等各种技法表现出动态的人物故事、走狮攀猴、展翅鸟雀、缠枝花卉等，廊柱上方横枋还有羊首衔瑞草圆雕，隐喻暗含，生动传神，整幢古厝打扮得妖娆多姿，尽显昔日古厝豪华之景。

五、黄希比大夫第古厝

翔安新圩镇古宅村大路自然村黄希比大夫第，建于清康熙年间，建筑风格突出，庭堂两边对称，为一座大六路双边护龙三落大厝。厝前三个大砖埕一字形排开，显得亮丽而温馨。

大夫第主体前落面阔五间，总进深二十六米。门上嵌“大夫第”额匾，两侧次间和稍间均为厢房，硬山顶，双燕尾脊；一进深井进深一丈三尺一寸，中落面阔五间，进深三丈一尺二寸，内高一丈七尺，两旁护龙为宽檐廊，

中落厅堂

护龙檐廊

中落厢房、步柱

抬梁式梁架，硬山顶，燕尾脊；后落硬山顶，燕尾脊，穿斗与抬梁混合式，镜面杉木屏墙，通透檐廊，中间厅堂，进深二丈一尺三寸，两侧次间和梢间均为厢房，深井进深一丈七尺；各落造型及风格彰显多元文化的痕迹。镜面墙裙以素面的白色花岗岩为地，与门框及窗框一体。青石高浮雕龙纹柱础，花岗岩青石门当雕有“麻姑献寿”，上部及凹形门廊四周墙体为密缝拼接的锦地斗子砌红砖墙堵。雍容稳实，气势宏大、环境幽深，像宫殿一样金碧辉煌。底层基础以灰白色花岗岩条石环抱，正面上部为木制屏帐结构，木雕装饰华丽，甚为精彩，是闽南罕见的高墙邸宅建筑。

镜面墙角牌石雕

六、陈金恒古厝

翔安马巷街道亭洋社区陈金恒古厝始建于民国年间，前后两落，中为深井，两侧榉头。前落大厝面阔三间，中为凹形门廊及前厅，两侧厢房，镜面墙两厢房红砖角柱精雕细刻两对楹联，内侧联为“创业凭光泽 守成赖后人”；后侧联为“门庭多吉庆 家室永和平”。细细品读字中真谛，主人的用心良苦，一一浮现在眼前，至理格言可谓“字中有意，意中有理”。

陈金恒宅镜面

用两种韵味的书法字刻，令人深切地体会到古厝主人崇尚风雅、推崇和谐及对子孙后裔的谆谆教诲。

后落大厝穿斗式梁架，板瓦屋面，硬山顶，燕尾脊。此建筑为土木、砖石结构的典型闽南红砖民居。集石雕、砖雕、拼砖、瓷砖嵌贴、漆金木雕及彩塑堆贴等多种装饰手法于一身，作为重点装饰的门面，以花岗岩白石雕与青斗石雕相互衬托，不仅表现出青、白不同颜色和质感，且纹饰运用浮雕、镂雕、阴刻等技法，精致典雅；白底红花的砖雕，花鸟图案令人

凹寿装饰

凹寿裙堵浮雕

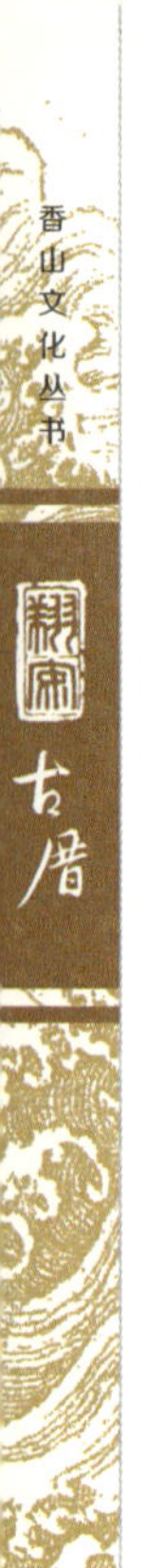

凹寿对看堵砖雕

水车堵

水车堵诗礼传家

石门臼

石窗框雕刻

凹寿裙堵高浮雕人物

眼花缭乱；墙体正面两侧的拼砖图案，利用红、褐色等色差的几何形小砖拼贴出对联、诗句及八仙、人物故事等，严丝合缝，精小细微，达到出神入化的境地；檐下“水车堵”内的彩绘及彩塑山水人物故事图案，色彩鲜明，高低错落，犹如一帧展开的山水画卷。

此厝为翔安红砖古厝的经典之作，堪称闽南特色古厝之星。

七、陈允济古厝

马巷街道郑坂社区山顶头村越南华侨陈允济古厝，始建于民国六年（1916年）。坐东朝西，前后两落大厝是十一架出步左护龙抬梁式梁架，硬山顶，燕尾脊，为土木、砖石结构的闽南传统红砖民居，整埕墙面用了好几种规格的红料，经泥水工横、竖砌筑，牢固中透出美观。多种工艺精湛的砖雕施加在镜面、身堵、栏杆等每个角落，优美的拼花图案色彩异常强烈，形成独具闽南特色且极富文化内涵的“红砖文化”。

门面是古厝装饰的重点，选料精良、做工考究、结构独特，华丽中透着高贵，简洁中充满玄机。镜面墙堵拼贴多组从法国进口的釉面瓷砖，门廊两侧对向堵装饰彩绘泥塑，护龙门上方立有琉璃瓶栏杆，屋檐下水车堵

陈允济古厝

镜面墙　　深井

护龙

大厅

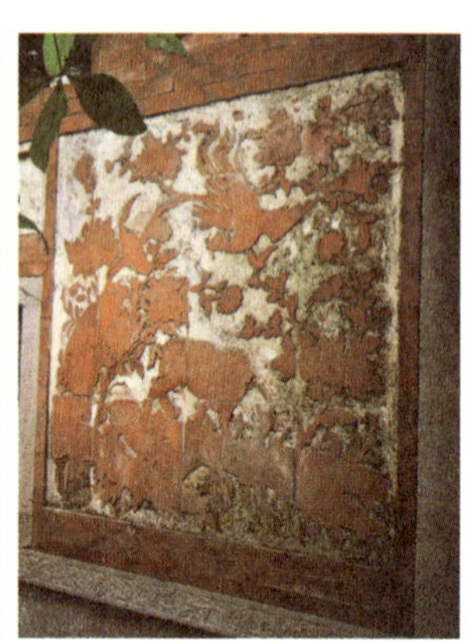

榉头的砖雕

内彩绘图案中可见落款文字；后落廊道梁枋间、笼扇及神龛上的漆金木雕把古厝装点得富丽堂皇，高浮雕花卉纹石柱础甚为精美，后落廊道堵上装饰了数组交趾陶，梅、兰、竹、菊等图案最具特色。后落厅堂前的两根出步杉木柱上刻有对联，虽然油漆已龟裂脱落，但仍是研究油漆工艺不可多得的实物材料。

陈允济古厝之二，位于本座东北侧三十米处，同样为前后两落土木砖石建筑结构，大厝双边护龙厝总面阔七丈五尺四寸，总进深六丈八尺九寸。古厝正面以红、白的砖墙和花岗岩墙裙为主，屋檐下水车堵内及护龙山墙彩绘泥塑“财神洞”，宽大的后落廊道墙上有花鸟纹砖雕图案，梁枋上漆金木雕有垂莲栱和人物故事、太狮少狮、卷草花鸟等图案，精雕细刻。漆金木雕保存良好，玲珑剔透，金碧辉煌，绚烂至极。

木雕装饰

榉头红砖拼花窗和陶作宝瓶窗

陈允济故居之二

八、唐厝港码头全春货栈

马巷街道亭洋社区唐厝港，清代时是亭洋至赵厝之间海岸线上繁荣的港口，从漳州龙海运过来的杉料、红料都在此东南侧码头集散。商业的发达促使山侯亭陈氏沿唐厝港港湾建起一排百来米的古厝，用以经营红料、杉料、粮食等，设置码头货栈、工场。虽历经一百多年，仍有数座红砖古厝倚靠在一起，保留较为完整。由于唐厝港码头主要经营红料、杉料，负责运载、销售，居民建筑用的都是红料、杉料，仅在地基上与窗底下砌近一米左右高的薄板蚝堆石。其余以红砖为墙体，杉料为楼板、屋架，红瓦为屋顶，是地地道道的砖木结构。

唐厝港村民陈珍传的曾祖父是能工巧匠，根据海边地形，建了一座并列五开间经营建筑材料、粮食杂货。唐厝港码头古厝建在海边凸出的滩涂上，建房之前，在滩涂上以杉木为桩，打实地基，夯土造地后，再建东西走向，前有大门，后有小门，直进直出，紧密相连的房子。

唐厝港成排古厝小街

现存的五开间硬山顶，马鞍脊古厝，每开间面阔一丈六尺，进深八丈左右，内高参差不齐。为方便存放货物，前、中、后三落之间不留深井，除纵向墙路是实墙体，落与落之间通透，不砌隔墙，用为建筑材料仓储室。右边三开间前落二层，以杉椽和杉板为楼层隔板，底层通透，仅在最左边的一角，用隔板围起一间仅供佝身而行的小屋，为账房。前落二层横向后墙体如何建造呢——以前落楼椽后面三根紧密相靠的椽木为基础砌二层楼的后墙。底层地面铺红黑色甓砖，因卸货的缘故，几乎没有一块是完整的。更为奇特的是，右边两开间之间的制高点又加盖一间六平方米见方的小房，小房四面墙体布设内大外小的方斗式射击孔，远可观察琼头、下潭尾一带海域的动静，具有防御守卫功能。小房子的左右砖墙建在紧密并排的两根杉木上，后墙体建在中脊梁上。在小房子里，居高临下可以与族亲、伙计遥相呼应，通报敌情，围剿海盗。

居中开间的二层比右边的二层显得低了三尺左右，比左边的两个开间高二尺左右，正面和右面两面墙体上布满枪眼，墙上砌有三组三个一组的筒瓦，即可做通气孔，又可做瞭望孔和枪眼。从此建筑设施可以想像当时唐厝港的生意是何等兴隆。

左边二开间前、中落一层，这两个开间底层一样通透，是用来加工房

街区屋顶结构

间内的八柱古床、橱柜、梳妆台；古厝后寿堂上的供奉案桌、八仙桌及收敛仙逝之人棺材等木制品的工场，内高比右边三开间的底层高了许多，工人在这样的环境中工作不会感到压抑。后落二层，后落镜面墙堵则建在并排的杉橼上，留有面积不大的小砖坪，是居住休闲场所。

整片古厝前落与中落、中落与后落，落与落之间不设置深井，两坡的雨水如何排水，也是主人主要考虑的问题，由于主人主要经营杉木和砖瓦红料，大量使用杉木和砖瓦，在两坡面雨水汇集处，主人建了一条水槽，水槽底以并排的杉橼支撑，杉橼铺上红砖，雨天是水槽，遇到盗贼来犯，水槽又是家人在屋顶上交流联络的通道。左边两开间的雨水流过中间开间的墙壁，顺着建筑群中心烟囱般的水道，流往地下排水沟。此建筑因地制宜，极富海边地域特色。

清代年间，唐厝港的货栈古厝前后、右边都是港湾。涨潮时，货船能直接靠近唐厝港一百来米长的货栈前的三米通道，三米宽通道是货船靠岸时暂时搁放货物的场所。唐厝港沿港湾还建了十几座蚝壳灰窑。这些建筑是研究古代翔安海上交通和商业经济状况的可贵资料。

沿街门面

马巷一带百姓兴建房子，只要来到唐厝港，建筑材料一应俱全。陈珍传的曾祖在时，货栈称“全春”，有“四季如春”之美誉，隐喻生意兴隆发达；至其父辈时，改栈名为“安记”，以托“五世安康”之憧憬。

沿街二层民居

墙上的射击孔

翔安
第十章
古厝
的文化融合

千百年来，受传统文化的影响，翔安古民居延续传统建筑中轴对称为主的建筑模式，以独特的建筑形制、建筑材料及建筑工艺形成具有地方特色的民间信仰和营造技艺等非物质文化遗产，成为当地典型的建筑文化符号。

然而，任何事物总在变化中不断发展，翔安古厝也不例外。清朝末期，内忧外患，迫于生计漂洋过海外出谋生的先民，在外有所建树后，回乡谒祖，或慷慨倾囊，建造宗祠家庙，或大兴土木，修宅筑巢。充沛的资金和他们在海外获得的视野，为翔安古厝建筑注入新鲜血液，促进了翔安红砖建筑的发展。此类侨建建筑，无论建筑体量、材料使用、建筑风格、精美程度，相较传统古厝有明显的变化。

以往，民居营造有固定的布局、寸白和习俗，风格基本统一，外观趋于一致，因民俗禁忌约束，故周围古厝民居建设一般对标本村宗祠或家庙，以一层为主，整体高度不超其最高点。因此，除了部分传统建筑建有阁楼，鲜有二层以上楼房。这个约定俗成的规矩，在清末、民国初期逐渐被改变。外出谋生的侨民，带回东南亚等地的建筑理念，亦或凭借自身资源优势，

修缮后的三层红砖洋楼

带南洋风格的两层红砖建筑

罕见的三层红砖建筑

从海外采购建筑材料，用于建造自己的房产。部分村落逐渐出现既保留传统建筑精华、又有别于先前风格传统局格的古厝或标新立异的二三层红砖楼房。

这些古厝或楼房，或保留传统布局，或大胆创新，其建设理念、营造技艺、装饰材料等方面兼具中外特色。

建筑材料多样性

传统古厝建筑材料以石料、红料为主，粘合剂和表面装饰以蚝壳灰为主，楼板隔层一般为木板，梁柱以杉木为主。随着海外乡贤回乡置业，红毛灰（水泥）、钢筋、釉面瓷砖、彩色玻璃、金属饰品等之前未曾使用过的建筑材料，渐次进口施作于翔安民居之上，开始应用在古厝民居和部分公共建筑上。当年尤为珍贵的钢筋、水泥一般用于房屋结构的重点部分，如梁、柱。部分楼房大面积的杉木楼板，逐渐被混凝土结构所代替。进口釉面瓷砖、彩色玻璃等装饰材料，应用在古厝镜面墙和内部重点部位的装

进口瓷砖装饰

贴进口瓷砖的带窗镜面

南洋风格的红砖柱

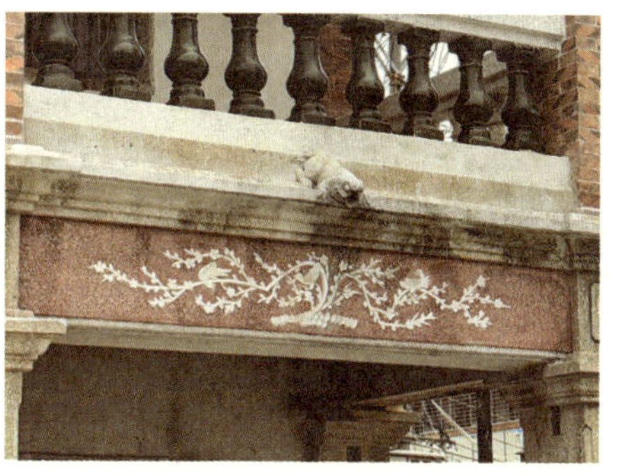
水洗石大量在南洋风格的建筑上使用

饰，让原本以哑光为主要建筑材料的古厝，增加了亮光，南洋风貌的建筑在村落中格外显眼。

建筑风格的融合

传统古厝的布局以单层为主，遵行一定的寸白规则，采用传统建筑材料和建筑工艺。侨建建筑因在资金、材料方面有优势，一般用料精到，做工精细，在保持一定传统元素的基础上融入创新的营造技艺。从格局上看，两种建筑风格并存，一是按照传统布局修建，只在装饰部分增加外来建筑材料，风格上偏向于传统古厝；二是建成两层或两层以上的小洋楼，充足的资金保障，颜紫砖在外墙中大量应用，整栋楼房颜色更为艳丽。结构上的重大变化，产生新生的建筑空间、结构和专用名词，如“五脚器”[①]和每层设置的廊道、屋顶的女儿墙等，在此类空间上大量使用南洋建筑风格的装饰手法，女儿墙上有带南洋风格的山花、泥塑和各种建筑局部阴阳角的装饰线条。装饰的内容和题材也发生变化，图案不一定再是传统纹样或东方代表性的人物、神兽，而带有海外风格。不同的文化体系和审美观念在翔安古厝上互为融合，形成崭新的建筑风格。

① 五脚器（ggô kā kǐ）：位于楼房下不露天的人行通道，也叫骑楼。因宽度大约有五步之距而得名。

南洋风格的古厝

南洋风格的灰塑

南洋风格的泥塑

南洋风格的山花

南洋风格泥塑滴水兽

南洋风格屋顶装饰

南洋风格五脚器

南洋风格装饰的二楼门面

使用功能的变化

翔安传统民居外观壮观华丽，内部空间布局也按传统伦理规范设置，且如前所述，因窗户矮小等原因造成室内房间通风、采光相对较差，大厅、

红砖和石头混砌

灰塑为主的南洋装饰风格建筑

南洋风格的窗户

南洋风格的墙体

深井等公共空间利用率偏低，除房间外，不少空间为开放性空间，保暖性能相对较差。南洋风的融入，让这些小洋楼增加了更多的实用功能，多层建筑实现起居、餐饮、会客等不同功能的分区，相对密闭的公共空间提高了利用率，部分窗户加装玻璃，由推拉改为平开，加大通风、采光效果。同传统古厝一样，南洋风建筑也有规模大小、层数多寡之分。传统古厝与南洋风建筑孰优孰劣，无法一概而论，应该说各有千秋、取长补短、互相融合。

南洋风格的砖石混砌窗

颜紫砖堆砌的洋楼

代表性建筑和局部

外来文化尤其是南洋建筑与翔安传统建筑融合后，出现一批以红砖建筑为基础，融入外来建筑文化元素，得到中外合璧的经典建筑。

中外合璧的金门县政府旧址之国民党党部宿舍

二楼南洋风格的盐兵楼

南洋风格屋顶装饰

澳头两层洋楼“我素庐”

洪前康崎洋楼门面

南洋风格的二楼廊道

典型南洋风格的墙体

南洋风格的红砖装饰线条

屋顶栏杆和灰塑

翔安
古厝
第十一章
的保护和利用

翔安古厝是不可再生的历史文化遗产资源，红砖建筑营造技艺是非物质文化遗产，随着老一辈手艺人逐渐减少、传统建筑技艺失去生存空间，不少工匠迫于生计，转行另谋出路。或许在不久的将来，这些传统的优秀文化就销声匿迹。前辈们留下的宝贵财富，若在我辈手中失传，将是一大憾事。

鉴于红砖建筑营造技艺整个体系过于庞大，涉及门类较多、专业性强，工匠无法独自全面熟练掌握整栋古厝营造工艺，且当前社会的大环境无法建造大体量的新红砖建筑，不少营造技术只能在局部修复中传承，不利于项目整体传承与保护。红砖建筑营造匠人各有所长、各有专攻，目前在非遗保护方面不断细分，石雕、木雕、砖雕、剪瓷雕、彩绘等技艺专业属性得到强化。应鼓励民间匠人以细项入手，以点带面，加强非遗项目保护。

随着城市进程化不断加快，在新农村建设或旧城改造过程中，不少精美的闽南红砖建筑被损坏或拆除，红砖建筑的整体数量也日趋减少；一些文物贩卖者铤而走险，偷盗构件，制作精美的装饰构件也逐渐消失；红砖瓦窑关停、传统建筑材料停产、传统技艺逐渐被现代工具取代，濒临绝境；台风、地震等自然灾害的损坏，让闽南红砖生态环境的完整性和真实性遭

保护性修缮与利用

古厝里的艺术展示

古厝与文化创意的融合

到破坏。在这样的大背景下，为使这些传统民居重焕光彩，修缮成为当前红砖建筑营造技艺得以赓续的首选方式。一定数量的建筑修缮，可以让材料生产得以恢复、营造技艺得以传承、文化遗产得以保护。

传统融入现代，经典符号得以延续。传统文化在现代建筑中的应用，是闽南红砖建筑的另类延续。一个地域的文化要素及主要特征，往往通过建筑来体现，离开这些文化内涵和建筑特征，建筑变成一堆缺少风格、没有生命的钢筋混凝土，陷入“千城一面、万楼一貌”的窘境。在城市规划和公共建筑的建设中，应有意识将闽南红砖建筑的精华或要素进行提升、锤炼，适当保留当地传统建筑主要特征，在造型、色彩、装饰等方面融入传统元素，促使现代建筑与传统符号有机融合。翔安区在建的会展中心及

红砖元素的雕塑墙

具有红砖建筑元素的现代公建

利用古厝的艺术家工作室

融入园林设计理念的修缮

文创走进翔安古厝

以传统元素建造的景观

配套场馆，造型上、色彩上以闽南传统民居为原形，进行二次创作，使闽南古厝风格与现代建筑有机结合，这一新地标也成为传统与现代相融的典型案例。

推动合理规划，保留传统建筑风貌。当前，我国把乡村振兴作为重要战略，坚持农业农村优先发展，加快农业农村现代化，是全面建成小康社会的总抓手，其中乡村文化振兴就是要体现浓郁的当代特色文化，把传统留住，把文化留住。合理规划、保护具有代表性的传统民居聚落，是保留优秀文化传统的有效途径，在乡村文化振兴中显得尤为重要。在白鹭体育馆和翔安大桥建设过程中，尊重历史、注重保护，在规划建设中，不惜代价，调整方案，保留了具有数百年历史、具有典型闽南渔港小镇特色的刘五店老街；同时着手启动文物古迹用地规划，内厝镇在工业区建设中，规划出集中保护区，将具有价值的闽南建筑成片保护，让这些历史风貌建筑在开发建设中得到有效保护。

修旧如旧的翔安古厝

修缮后的古厝夜景

后记

习近平总书记在为《福州古厝》所作的序中提到，古建筑是科技文化知识与艺术的结合体，古建筑也是历史载体；保护好古建筑，保护好文物就是保存历史，保存城市的文脉，保存历史文化名城无形的优良传统。翔安历史悠久，文化底蕴深厚，其中翔安古厝是闽南传统红砖建筑的重要组成部分，大嶝田墘的红砖聚落于二〇一二年与南安蔡厝古民居等被国家文物局纳入中国世界文化遗产预备名单，红砖建筑营造技艺也被认定为非物质文化遗产代表性项目。本着对历史负责，为未来拓基，保护古建筑，传承古厝营造技艺的初心，经过数年的调查、整理，我编写了《翔安古厝》一书。

时间是历史的刻度，有了它才能精确地计量；古建筑是历史的坐标，了解它才能回忆过往的轨迹。近几年，区政府加大保护力度，开展古建筑保护和修缮工作，民间也自发开展保护性维修，翔安古厝种类繁多，分布范围广，保留完好程度不一，不同镇街民俗和建筑风格不尽相同，修缮过程中极易因对营造技术不了解，导致修缮后的古厝并不完整真实。《翔安古厝》力求较为全面地描述古厝的建筑特点、营造布局、材料应用、装饰技法，权作古厝保护和修缮的参考资料。

古厝建造涉及土、木、石等工种，各行业能工巧匠分工明确，又相互配合，不同类别的营造技艺如珍珠般分散于民间。囿限于篇幅和时间，要将这些分散的信息碎片，收集、整理成较为完整的体系，犹如大海捞针，压力巨大，所幸本书编辑过程中得到民俗专家陈炳南、洪水乾和泥水师傅戴金造、朱振仲、彭财劝等老前辈的热情指导和支持。通过多年的深入调查探索、造访民间艺人、翻阅相关史料、考究营造技艺，搜集翔安古厝选址、备料、定向、奠基、安门、上梁、平钉、造脊、装潢、入住等一系列信息，并拍摄影像、记录文字，分类归纳，遂成书稿。民间艺人口口相传的专业术语和营造技艺，书中采取闽南语直译并加以注释的方式，以体现翔安特色、便于特别读者阅读，但难免存在理解或表述的偏差。如有疏漏或谬误之处,尚祈读者指教是幸!

值此，以《翔安古厝》的出版致敬长期从事古建筑技艺保护和传承工作的老前辈，感谢诸能人贤士对本书编纂、出版给予不遗余力的支持和帮助。

二〇二二年九月